# 「行動できない」自分からの脱出法！

## あなたを縛る「暗示」にサヨナラ

大嶋信頼
Nobuyori Oshima

清流出版

# はじめに

「変わりたいのに、変われない」と思ったことはありませんか？

「人との会話の中でもっと積極的になりたい！」と思っていても、いつも話題の中に自分から飛び込んでいくことができない。

「転職をして自分の可能性を広げてみたい！」と思っているのに、考えると怖くなってちっとも行動できない。

素敵なパートナーが欲しいな、と想像するのですが、失敗することばかり考えてしまって、積極的に出会いの場に参加できない。

「部屋をきちんと片付けよう！」と思っているのにいつまで経っても片付けることができないし、ものを捨てることもできない。

「メールの返信をちゃんとしなきゃ！」と思うのに億劫になって放置してしまう……などなど。

**そういう人は、先のことや、周りの人のこと、そして失敗などを恐れてしまう「行動できない人」の可能性があるんです。**

この「行動できない人」は〝変わりたい！〟と思ってもちろん努力するのですが、

すぐにまた元の「行動できない自分」に戻ってしまう、ということを繰り返してしまうパターンがあります。

**この本では、「どうして先のことばかりを考えて心配してしまうの?」、「どうして周りの人の気持ちを考え過ぎて行動できなくなってしまうの?」、「なぜ失敗を恐れて行動できなくなるの?」など、行動できない心の仕組みを皆さんと一緒に考えながら、「行動できない自分」から簡単に抜け出す方法を探っていきます。**

「何だ! そんな簡単なことで?」と疑いたくなるような方法なのですが、ちょっと実践してみると面白くなってきます。

ここで解説する内容は、普通の心理学や精神医学の理解とはかなりかけ離れているかもしれませんが、楽しんで読んでいただければ幸いです。

そして、本書に書いてある「行動できるようになる方法」を実践してみると「へ〜! そうなのかもしれない!」と思えることがあって、いつの間にか、なりたい自分へと変化しているかもしれません。

この本を読んでいただくことでいつの間にか「行動できる自分」になっていることを願っております。

第2章

# 完璧主義じゃなくていい！

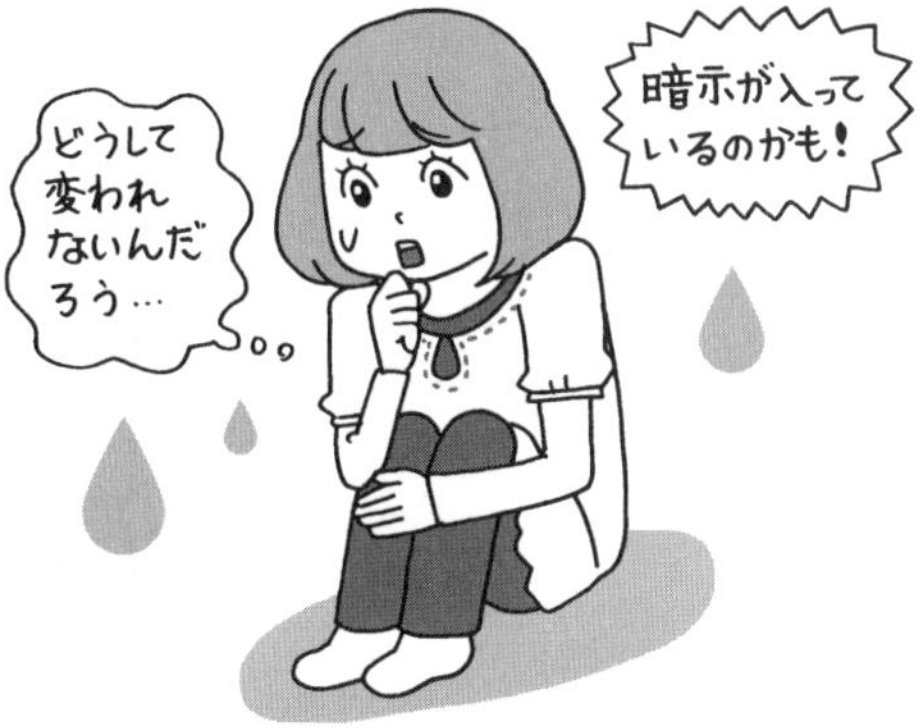

暗示が入っているのかも！
どうして変われないんだろう…

第3章

気を付けると、ますます失敗！

# 失敗が怖い人は、「菌」を増やしてみよう！

# 第4章

# 自分をブロックしている〝呪いの暗示〟に気付く方法

自分の心に聞いてみる！
心よ！誰が邪魔している？

第5章

# なりたい自分になる！〝呪いの暗示〟を解く方法

## 第6章 「行動できない」あなたのための、対処法いろいろ！

# 第1章

# 変わりたい、でも変われないと思っているあなたへ

# 行動できない、変われない人生からの脱出法、教えます

## ○「行動できない」自分が嫌！

ある日、「転職したいのにちっとも行動できないんです！」と、クライアントさんが深刻な表情で私のカウンセリングルームにやってきました。

ずっと転職したいと思っているのに行動に移せなくて、結局、ずるずると今の仕事を続けてしまい、時間だけが経っていく……。

**そんな「行動できない自分」が嫌で苦しいということを訴えます。**

**「行動できない自分」**——。

話を伺いながら、私も、行動できないことに苦しんだ過去の記憶がよみがえってきました。

「英語のテストで赤点しかとったことがないお前が留学なんて！　あっはっは！」と高校の職員室で大爆笑されても、「日本一の心理カウンセラーになりたい！」と思ってアメリカに渡った私。

大学で勉強して、卒業後はそのままアメリカで修業するはずが、なぜか「サンマが食べたい！」と日本に帰ってきて一般企業に就職してしまいます。

企業で働きながら「日本の企業で働く外国人のストレスのデータを集めてアメリカで学会発表をして、そしてカウンセラーとして就職するんだ！」と考えていたのですが、いつまで経ってもデータを集めようとはしません。

**「日々の仕事が忙しいから」とか「上司や同僚に振り回されちゃっているから」なんて言い訳をしてやらないんです。**

**「本当にやりたいのはカウンセラーの仕事なのに、何でこんなことをしているのかな？」と毎日考えながら仕事をしているからか、職場の問題やちゃんと私の能力を認めてくれない理不尽な上司への不満ばかりが湧いてきて、苦しくなっていきました。**

「私の目的は日本の企業のデータをとって学会で発表することだったんじゃないの？」と考えることもあるのですが、「ちゃんとやらなきゃ！」と毎日のように考えていてもデータを集めるその一歩が踏み出せないいんです。

「ちゃんとやらなきゃ！」と思いながらも行動できなくて、職場に対する不満にまみれてしまいます。

そして、ある時、理解のない上司へのストレスでお腹が痛くなり、職場で倒れてしまったんです。その後も、職場に行っても嫌なことがあるたびに腹痛で動けなくなっていました。

そして「もうこんな生活は嫌だ！　本当はカウンセラーになりたいんだ！」と思って退職届を出して仕事を辞めてしまいました。

## ○ 怖くて、電話がかけられない！

退職後は「カウンセラーとして雇ってくれるところで働こう！」と思って精神科が

ある病院のリストを集めてみたのですが、電話をかけることができません。「断られたらどうしよう？」と不安になって、電話がかけられないんです。

「日本の学位を持っていないから受け入れてもらえないんじゃないのか？」と電話をかける前から不安になって、受話器に手を伸ばすことができません。

そんな葛藤をしているうちに日が暮れていってしまいます。

「今日も電話をかけることができなかった……」と絶望に打ちひしがれます。

「英語でのカウンセリングルームだったら雇ってもらえるかも？」と思って英字新聞を買って求人欄を探しますが、そんな求人が載っているわけもなく「求人がないから先に進めない」なんてことを言い訳にして行動しないんです。

夏の暑い日に、お金がなくて冷房もつけることができない部屋の中で、耳障りな蝉の声を聞き汗だくになりながら、**「このまま何もできないで人生が終わっちゃうのかも？」**と悲しくなって、天井を仰ぎながら涙をこらえる自分の姿が、目の前のクライアントさんを見ていると思い出されてきます。

## ○ 皆、変わりたいのに変われない

電気代が払えないので、クーラーもつけられない安アパートで、電話一本かけるのに、かける前から「断られたらどうしよう？」と一日以上悩んで、やっと電話をかけても案の定、相手から断られ、ということを繰り返している時に**「自分みたいにこうやって行動できないダメな人間はいないのかもしれない」**と思いました。

**行動するための一歩を踏み出せず、どんどん狭いカプセルの中に閉じ込められていくような感じ**がします。

肩身が狭くなって、「こんな自分の姿を、近所の人に見られたら恥ずかしい」と外に行くのも嫌になってしまい、買いだめしたカップラーメンしか食べられなくなりました。

「皆はテキパキ行動できているのに、自分だけなぜ？」と考えれば考えるほど、惨めさの殻に閉じ込められて動けなくなっていったんです。

そんな時に、以前一緒に働いていた同僚たちが、私を食事に誘ってくれました。皆には「カウンセラーになりたいんだ！」と言って会社を辞めたのに、「何にも行動できていない自分」のことを正直に話してしまいました。

電話が怖くてかけられない、なんて話したら笑われるだろうな……と思いながら話をしたら、皆が「うん！　うん！　わかる！」と言ってくれてびっくり。

ある人は「私だって留学したい！と言いながら、10年経っても同じ会社で働いてる。未だに自信がなくて、留学の申込書は10年前のままで置いてあるよ！」と言います。

またある人は、「私なんて、女優になろう！と思って東京に出てきたのに、オーディションを受けるのが不安でこれまで申し込みの電話すらしたことがない！」と語ってくれました。

**「え〜？　私だけじゃないんだ！」とちょっとびっくり。**みんな目的を持って行動できていて、いきいき仕事をしている、と思っていたのですが、「行動できなくて自分と同じ日々を過ごしている！」というのを知ってものすごく気持ちがラクになったんです。

「皆、行動できないんだ！　仲間なんだ！」と思ったら不思議と自分を覆っていた殻が破れて自由になれた気がしたんです。

「自分だけじゃないんだ！」そして**「自分は皆の分もここで一歩踏み出してこの状況から抜け出してみたい！」**ってその時に思えたんです。

# 行動できないのは、行動力がないからじゃない！

## ○ わかっていても、行動できない

なかなか行動できないと悩む人に対して、周りの人は「本当にしたいと思うんだったらさっさと行動すればいいじゃない！」と言います。

でも、私もわかっていても、「断られちゃったらどうしよう？」とか「就職先に変な人がいたらどうしよう？」「馬鹿にされて変な噂を流されたら？」というような、行動できない言い訳が頭の中にどんどん浮かんできて、怖くて一歩を踏み出すことができませんでした。

私も目の前のクライアントさんも、「お前は言い訳ばかりして、ちっともやらなければいけないことをやらない！」と親からも周りからも言われてきました。

自分でも「言い訳ばかりして！　ちっとも大切なことをやらないダメな奴！」と自分を責めるのですが、責めても変わりません。

「本当は今のぬるま湯の環境に浸かっていたいんじゃない？」とか「あんた甘えているんじゃない？」など心ないことを言われ、自分でも「もしかしたらそうなのかも？」と思ってしまうんです。

でも**「変わりたい！」とか「自分のために行動したい！」という気持ちが毎日のように浮かんできてしまって、自分のことを苦しめる**んです。

## ○ 行動できないのは、なぜ？

なぜ、行動したいのに、行動できないのでしょうか？

私は、行動できないのは行動力がないからだ、と自分を責めていました。

でも、ある場面では意外と行動力を発揮していたりするので、じつは行動力の問題だけじゃなかったんです。

ここで、**行動ができなかったいくつかの〝原因〟**をあげてみます。

- **完璧主義（強迫性パーソナリティー障害の場合も）だから行動できない。**
- **影響を受けている人（親とか先生、友達など）から足を引っ張られているから。**
- **失敗している人ばかりに注目しちゃうから。**

私の場合「研究データをさっさと集めて論文を書けばよかったのに！　何でさっさと行動できなかったの？」と言われるでしょう。

英語ができないのにアメリカに留学をしちゃうぐらいですから、行動力がないわけじゃないんですよね。

留学するまでは、勉強をしたことはありませんでした。何もわからなかったからこそ、怖いもの知らずで行動できたのかもしれません。

しかし、勉強をすればするほど「行動できない！」というふうになっていきました。勉強することによって知識を得て、頭でっかちになることで私の中の「**完璧主義**」**がどんどん大きくなっていってしまったから**なんです。

「日本の企業でデータを取る時は、**ちゃんと**会社の許可を取らなければ」と、許可を取るための**ちゃんと**した企画書のことを考えてしまいます。

そして、「企業で働く外国人のストレスデータを取るためには、**ちゃんと**社員さんに目的を伝えて同意書を**きちんと**取らなければ」と思ってしまいます。

そのためには何のデータが必要か**しっかりと**書き出しておかなければいけないし、そして、そのデータでどのような結果が得られて、どんなことに使えるのかを**きちんと**前もって考えておかなければいけない、とどんどんいろんなことを考えていきました。

本来の目的は「実績を上げてカウンセラーになる」ということなのですが「**ちゃんとやらなきゃ！**」と考えているうちにいつの間にか「人に批判されないようにしなければ」と思うようになり、いつの間にか本来の目的が見失われてしまって「やるのが億劫だ！」という具合になってしまうんです。

「本当はやりたいこと！」のはずが、完璧主義になって人の目を意識することで「や

行動できないのは・・・
完璧主義
まずはあれをやってこれをやってそれも調べてパーフェクトに・・・
失敗している人ばかりに目がいく
食ってけないよ
人に足を引っ張られている？
どうせできないでしょ！
今日はやめとこう……

らなければいけないこと！」となってしまい、だんだん億劫になって「行動ができない！」となっていきました。

「ちゃんとやらなきゃ！」と思ってしまう人は、頭の中でいろんな人からの批判に対応するためにたくさんのシミュレーションをしてしまいます。でも、実際に動くのも、頭の中でシミュレーションをするのも疲れの度合いはほぼ変わらないんです。

いろんな人のことを考えて、何度も行動パターンのシミュレーションを繰り返してしまうと、普通に動く時と比べて何倍も疲れてしまいます。

だから行動する前から疲れてしまって動けなくなり、私の場合はお腹が痛くなって倒れてしまったんです。

ある時、自分には完璧主義なところがあるんだと気が付いて「考えないで行動した方が疲れないかも！」と思って行動してみたら**「あれ？　ちっとも疲れない！」**と驚きました。

あれこれ考えていた時は、頭の中でありとあらゆる可能性に対応するシミュレーションで疲れていたけど、考えなければ、行動した分だけしか疲れません。**「なんだ！　行動するって簡単なことだったんだ！」**ということが見えてきたんです。

## 〇 〝暗示〟で足を引っ張る人たち！

考えられるもう一つの「行動ができない！」理由は、**私が影響を受けていた人たち（親や先生、そして友達）から足を引っ張られてしまう**ということ。

留学する時は、英語の成績が赤点だらけだったので「誰も私に期待をしていないし、心配もされていない！」ということで気楽に動くことができました。

しかし、卒業して日本に帰ってくると、母親から「あなた本当にカウンセラーなんかになれるの？」と心配されてしまいました。

始めから「どうせできないでしょ！」と全く期待されていなければ問題がないのですが、「もし、やって失敗したらあんたどうするの？」とか「人に迷惑をかけたらどうするの？」という期待と心配が入り混じった言葉や気持ちを向けられると、それが**〝暗示〟として私の中に入り込んでくるのです。**

〝暗示〟が入ると「人に迷惑をかけたらどうしよう？」とか「うまくいかなくて途中で挫折したらどうしよう？」とまるで〝暗示〟が自分の考えのようになり、悩み始めて行動できなくなってしまいます。

**〝暗示〟は他の人から入れられたものですから、自分のものではありません。**自分のオリジナルの不安だったら、すぐに行動できて不安は解消されます。

でも、他者から入れられた〝暗示〟は自分のものじゃないから、いくら考えても自分では解消できません。不安はいつまでも消えなくて「不安で行動できない！」となってしまいます。

でも、「ちょっと考えても解消されない不安」や「解消したと思っても戻ってくる不安」は暗示なんだ！と気が付くと、面白くなります。

「この不安は暗示なんだ」と思って「暗示は誰から入れられたの？」と考えてみると「母親だ！」と簡単にわかります。

不安が自分のものじゃない、とわかるとそれを自分で解消する必要がないから、不安を相手にしなくなりフットワークが軽くなって行動できるようになります。

## ○ 失敗した人ばかりを見てしまう！

もう一つの「行動できない！」理由は**「成功している人が周りにいない！」**ということでした。

実際にカウンセリングを日本でやっている人と話をさせていただいたのですが「この職業じゃ食べていけない！」とか「成功できる人はごくわずかですよ！」と言われたりしました。

私が話を聞いた人は、皆いきいきしていないし、楽しそうに仕事をしていない！と思いました。もちろん「自分だけは違う！」と思ってはいるのですが、目の前の失敗例が私のテンションを下げてしまいます。「あの人たちに負けないようにやらなきゃ！」と思うのですが、**失敗例が刷り込まれて「行動できない！」となってしまうんです。**

**成功していない人に注目してしまうと、注目した段階で、脳は自動的に相手の真似をしてしまいます。**するると、どうしても失敗のイメージしか湧かなくなり「失敗が怖くて行動できない！」ということになってしまうんです。

そんな時は、単純に、**成功している人に注目すればいい**んです。失敗している人に注目をすれば、脳は自動的に失敗している人の思考を真似てしまいますが、成功している人に注目すると脳は自動的に成功者の真似をします。

そうなると、「あ！　ひらめいた！」と不思議とアイディアが浮かび「行動ができるようになった！」と思うことを忘れちゃうぐらいてきぱきと動けるようになるんです。

## 自己啓発本を読んでも変われないのは、暗示に気付いていないから

### ○ 知らないうちに入っている暗示

「行動できるようになりたい！」と思って自己啓発の本を読んで、その時は「あ！これからは行動できるかも！」と思ってちょっとうれしくなりますよね。

でも、しばらく時間が経つと「やっぱり全然変わっていない……」と自分を振り返ってみて悲しくなってしまう、ということはありませんか。

本を読んだ時には、あんなに変われると思ったのにどうして？

実は、それは**あなたに「変わらない」という〝暗示〟が入っている**から。

その〝暗示〟の効果でまたすぐに元の自分に戻ってしまうんです。

私も子供の頃に「あんたは何をやっても三日坊主なんだから！」と母親から言われていました。「今日から体操をしよう！」と思っても、本当に母親の予言通りに三日以上続けられません。

「絶対に続けてやる！」と思っても、気が付いたら元の木阿弥状態。「あんたは本当に情けないいんだから」と言われると、「変わろう！」としても、すぐに惨めなダメな自分に戻ってしまうんです。

一旦〝暗示〟が入れられると、なかなか消えません。何か続けよう、と思っても「俺って三日坊主だからな」と思って行動できなくなり、何かに挑戦しよう、と思っても「俺って情けない奴だからな」と思って、大人になっても暗示の言葉に縛られて一歩が踏み出せなくなってしまうんです。

大人になってひげが生えたおっさんになっている自分の子供を目の前にしても、母親は「子供」に〝暗示〟の言葉をバリバリ入れてくるので、元々入っていた暗示がヴァージョンアップされた形になり「変われない！」という状態を作り出すのです。

そしてここでも「あんたはすぐに人のせいにして！」という母親からの暗示が起動して、「自分は人のせいにする卑怯者でダメな奴なんだ〜！」と、変われないダメな自分にあっという間に戻っていってしまいます。

## ○変わりたくても変われないのは暗示の力

本を読んで「これからは行動できるようになれるかも！」と思っても、結局何にも行動できないのは、本当は誰かから入れられている〝暗示〟の力なのですが、普通はそんなことに気が付きません。

一見「自分は変わらない〜！」という自己暗示を自分にかけているようにも思えますが、**〝暗示〟のオリジナルは両親だったり、パートナーだったり、また、会社の人だったりするんです。**だから「変わらない！」と思ったら「あ！　暗示が入っているのかも？」と探ってみると見方が変わります。

探ってみると「あんたってやっぱりダメね！」というパートナーの言葉や「いつ

も前は人のせいにしてばかり！」という父親の〝暗示〟の言葉を見つけることができます。

それらの〝暗示の言葉〟はいつの間にか「自分はやっぱりダメ」と、まるで自分が自分にかけているような形になりますが、元々は、私を変わらないようにするために入れられている他者からの暗示なんです。

親が子供に暗示を入れて変わらないようにするのは「変わらず自分の子供であって欲しい」という美しい思いからなのかもしれません。

パートナーも同じく、「変わらないで自分のそばにい続けて欲しい」という願いが〝暗示〟で表現されます。今とは違う素晴らしい人に変化したら、自分から離れていってしまう、という不安があるからこそ〝暗示〟が必要になるのかもしれません。

同僚・上司に至っては「変わらないで自分よりも下にいて欲しい」と願うのは〝優越感〟を感じていたいから。そのために〝暗示〟がとっても役に立つ、という感じになります。

本を読んで変化しつつあるあなたに対して同僚や上司が「お！　ちょっと変わって

あなたは
3日坊主だから
私って
3日坊主…
暗示が入っているのかも！
どうして変われないんだろう…

きたな！」と感じ取ったら「いつも同じミスをする！」と注意の様な〝暗示〟を入れてきます。「自分よりも上に行かれちゃあ困る！」ということからだったりするんです。

普通はそんなことは気が付かないので、知らず知らずのうちに暗示が入っていきます。「自分はいつも同じミスをして変わらないいんだ〜！」という状態に陥っているのです。

人は、日々成長していくもの。どんなに嫌がったって、時間とともに歳をとっていくわけですから、本当は「変わらない！」なんてことはありえないことなんです。

その**ありえない状態を作り出すマジックが〝暗示〟なのです。**その〝暗示〟に気が付いて、抜け出す方法もこの本では紹介していきます。

# 第2章

# 完璧主義じゃなくていい！

## 自分を縛る「失敗が怖い気持ち」

### ○ やる前からいろんなことが怖い！

今考えればおかしな話なのですが、学生時代に「アルバイトをしなければ！」と思った時に「履歴書を書くのを失敗しちゃったらどうしよう？」と怖くなって書けずに、アルバイトに応募できない時期がありました。

「失敗しても、何枚も書けばいいじゃない！」と今では思うのですが、本気で「書いている時に失敗したらどうしよう？」と思って書けなくなっていたんです。

そして、更に、アルバイトの面接の時に、質問にちゃんと答えられなくて失敗したらどうしよう？と怖くなって面接の電話をかけることができませんでした。

面接担当の相手がどんな人なのかも、どんな会社なのかもわからないのに、**頭の中**

**で色々自分が失敗する場面を想定して「怖い！」と思って動けなくなってしまうんです。**でも、こういうこと、私だけではないみたいです。

ある方は、ちょっと高い食材を買ったけど、失敗するのが怖くて調理できない！と尻込みしているうちに賞味期限が切れて「あれ〜！　高い食材だったのにもったいない！」と悔やむことがよくあると言います。

「結婚をして失敗したらどうしよう？」と怖くなって婚活ができずに、気が付いたら年を取って「もうタイムリミットが迫ってる〜！」と焦るというケースもあります。

子供を作って子育てに失敗したら……、と怖くなって子供を作る時機を逸してしまうこともあります。

子供ができても「間違った育て方をしたらどうしよう？」と怖くなって子供にちゃんと躾ができなくて、「行儀の悪い子供になってしまった〜！」と嘆いている人もいます。

## ○完璧主義が行動を邪魔する！

人に相談すると、「そんなの失敗したっていいじゃん！」とか「何度失敗したってやり直しがきくんだから！」と言われます。頭ではわかっているつもりなんですが、その場になると「やっぱり失敗が怖い」と二の足を踏んで動けなくなり、チャンスを逸して後悔することを繰り返します。

私は、そんな失敗が怖くて何もできない自分を**「何もできない完璧主義者」**と呼んでいました。

やることはすべてわかっていて、それを「ちゃんと」したい。この「ちゃんと」というのが「完璧にしたい」ということになります。**完璧になんて何度も練習を積み重ねてもできるわけがないのに、やる前から「失敗が怖くてできない！」となってしまうんです。**

この〝完璧主義〟は、子供の頃からありました。プラモデルを作っていて、パーツをランナー（プラモデルの部品のくっついている枠）から切り離す時に間違ってパーツを切ってしまい、「もう嫌！」と箱を閉じて押入れに入れて二度とやらずに完成できなくなってしまったことがあります。

新しいノートを買って「このノートはきれいに丁寧に使おう！」と思っていたのに、授業中に行を間違って書いてしまったら、「もうこのノートを使うのは嫌！」と思って、それから授業中にノートをとることができなくなって、テストで赤点をとってしまったこともあります。

ある人は、部屋がゴミだらけで散らかっていて「片付けなきゃ！」と思っているのに、「片付けている途中で大切なものを捨てちゃったらどうしよう？」と、大切なものを捨ててしまう失敗が怖くてゴミの山に手を付けることができなくなると言います。「掃除をしなきゃ！」とわかっているのに「掃除をした時にホコリが飛び散って他の所が汚れたらどうしよう！」と、考え過ぎて掃除ができなくなる人もいらっしゃいます。

この**「失敗が怖くて行動できない」というタイプの人は、周囲から誤解されること**

**でますます動けなくなってしまいます。**

本当は、「失敗が怖い」というのは〝完璧主義〟のせいなのに、他の人からは、その真逆の「だらしがない」とか「不潔」、「自己管理能力がない！」とか、または「意志の力が弱い」などと見られてしまいます。

〝完璧主義〟なのに「だらしない」と周りから思われてしまうと、きれいで真っ白な壁に泥を塗られたような感覚になります。

きれいで完璧でいなければいけないのに「だらしない！」と否定的なイメージを入れられることで、プラモデルのパーツを間違って切ってしまった時のように、「もうどうでもいいや！」と自暴自棄になって自分のために積極的に行動できなくなってしまうんです。

## ○ 完璧主義の悪循環！

**〝完璧主義〟の人は「自分が完璧でなければいけない」という思い込みがあります。**

その〝完璧〟とは、積極的でいつも間違いがなく正しくて、清潔でそして賢く、誰からも好かれる素晴らしい人でなければいけない、というイメージ。

その〝完璧な姿〟でなければ生きている価値がない、という感覚が心の奥底にあるんです。だから、何か行動や決断をして、〝完璧な姿〟がちょっとでも汚れてしまうと「失敗した！」ということになります。


普通の人にとっては別に「ただの失敗」なのですが、この〝完璧主義〟の人は「完璧じゃなければ人として生きていく価値がない」というような感覚があるので、「失敗が怖くて動けない！」ということになってしまうんです。

動かなければ動かないほど、実際に失敗することもないので、頭の中では「汚点が付かないまま、きれいで完璧な姿でいられる」ということになります。もちろん、それは自分の頭の中の自分の姿なのですが、〝完璧〟は行動しないことによって保たれるので、「行動してこれを汚してしまうのが怖い〜！」という状態になるからますます**「怖くて動けない！」という悪循環**に陥ることになってしまいます。

# 過去の失敗にとらわれる人

## ○婚活できない女性

ある女性が、「婚活パーティーに怖くて行けないんです！」と悩んでいらっしゃいました。どうしてでしょう？とお話を聞いてみると「学生時代に好きな男子生徒に話しかけたら〝お前みたいなダサい奴が話しかけてくるなよ！〟という態度をとられちゃって、それから男性と話すのが怖くなってしまったんです！」と話してくださいました。

普通の人がそれを聞いたら「え？　十何年も前の話なのに、そんな昔のこと引きずっているの？」と思うでしょう。相手の男性から、はっきり「ダサい」と言われたわけではなくて、〝冷たい態度〟をとられただけです。もしかしたら、相手は恥ずかしかったから、そんな態度をとったのかもしれません。

その女性のイメージの中では、あの人に話しかけなければよかったのに！となって、その**1回の失敗にとらわれて「好意的に男性に話しかけることができない！」ということになってしまったんです。**

## ○ 怖くて近所の人に挨拶できない！

ある方は、「近所の人に自分のことを話したら、それを噂話にされてしまって、近所の人が怖くて外に出られないんです！」とおっしゃっていました。

その出来事があった地域から引っ越した後も、その時の「自分の話なんかしなきゃよかった！」という過去の失敗が思い出され、引っ越し先でも近所の人に挨拶になんか怖くて行けないと言います。

挨拶に行かないと、「あの人って何をやっている人なのかね？」と近所の人がこそこそ言っているのが聞こえてきて「やっぱり怖い！」となって外に出られなくなり、近所付き合いは一切できなくなってしまいました。

普通の人がこの話を聞いたら「近所の人だって、引っ越してきた人がどんな人かわからないから怖がっているだけで、ちゃんと積極的に挨拶すれば環境が変わるのに！」と言ったりします。

でも、本人はそんなこと百も承知なんです。**やらなければいけないとわかっていても、過去の失敗にとらわれてしまう自分がいる**んです。

普通に考えたら「そんなちょっとした過去のことをいつまでも引きずるなんて！」と思うかもしれません。

でも、過去の失敗にとらわれて行動できないいって、結構誰にでもあることです。人のことはよくわかるのですが、自分のことはあまり自覚が持てないものです。

例えば、私は、とある地域の有名物産展で売っているある弁当が絶対に食べられません。小学生の頃に、お婆ちゃんに買ってもらった時に、調子が悪いのに無理して食べたら更に具合が悪くなってしまった苦い記憶があるから。

あの弁当の形、臭い、食感が「調子が悪い！」に条件付けられてしまうと、たった一度の失敗なのに「もう絶対に食べるのは無理〜！」という状態になってしまいました。

「食べず嫌いはダメだよ！」と説得されて無理やり食べさせられたことがあるのですが、口に入れた後に血の気が引いて真っ青になったのを今でも覚えています。人には、そんな苦手な食べ物があったりします。

「過去の失敗のせいで怖くて！」というのもそれと同じ、という見方をすればわかりやすくなります。

**一度不快な苦い体験をしてしまうと、その苦さが条件付けられてしまって「二度とやりたくない！」**と思うようになります。

「やらなきゃ！　やらなきゃ変わらない！」とわかっているのに行動できなくて「いつまでも変われない！」という状態です。

苦手な食べ物の時のように、頭では「好き嫌いなく食べた方がいい！」とわかっているのに、身体が自動的に反応しちゃって拒絶してしまうんです。

## ○とらわれるのは、「心の傷」が原因

一般的には、男性から拒絶された過去の失敗から、男性に好意を持って話しかけることができないのは**過去の〝心の傷〟が影響しています。**過去の心の傷が癒されていないと、それを思い出させるようなことがあると「痛い！」と傷が疼《うず》き出すような感じ。

普通の人が「え〜？　そんな一回冷たい態度をとられたからって心の傷になるの〜？」と疑問に思うのは正解です。実は、**〝心の傷〟とは多くの場合、記憶から抜けてしまうからです。**

**だから、いつまで経っても癒されない、という性質があります。**

人はあまりにもショックな体験をすると記憶がない状態になってしまいます。学生時代に男性から冷たい態度をとられた女性も、催眠療法を使って、失われた記憶をたどってみたら「あ！　昔、父親から暴力を受けてた！」という記憶が出てきました。

ご本人が、「父親は理解のあるとってもいい人です！」とおっしゃっていたのは記憶が抜けてしまっていたから。実際は、男性に対する恐怖の元は子供の頃の父親からの暴力が原因だった、ということになります。

近所の噂話が怖い、という方の心の傷も、失われた記憶をたどっていったら「赤ちゃんの時にお母さんから育児放棄されてた！」という衝撃的な事実が発覚しました。だから、近所のおばちゃんの冷たい顔が母親と重なって怖いんだ！ということに結びつきました。

花粉症で「スギ花粉でくしゃみ、鼻水が止まらなくなる！」という状態で、そのうちにホコリや他の花粉にも敏感に反応するようになって「スギ花粉じゃなくてもくしゃみ、鼻水が止まらない！」という状態になることがあります。

スギ花粉と他のものの違いを判別できなくなり、同じようなものに対して、どんどん反応するようになって、それが広がっていくのですが、心の傷でも同じようなことが起きます。

本来は、父親に対しての拒絶感だけのはずが、記憶が抜けていることもあって、父親と他の男性との判別ができなくなっている状態です。男性全般に対し恐怖の反応が広がってしまって婚活ができなくなります。

自分が覚えている「過去の失敗」は元の原因ではなくて、大元の心の傷が広がってしまった症状だったりするんです。

「過去の失敗にとらわれている」のではなくて、スギ花粉と他の物質を的確に分別できなくなってしまうように、過去の心の傷と他のもの（男性や近所のおばちゃん）を分別できなくなっているから**過去の失敗に反応しているんだ！と理解するだけでもラクになることができます。**

# 考え過ぎて動けなくなる！

## ○過去の失敗がブレーキをかける

「インターネットの番組に毎月出演してくれませんか？」と依頼が来て、番組の紹介のDVDをいただいたのですが、いつまで経っても観ることができません。

いつまでも観ていないDVDが放置されていて「断るんだったら早く断らなきゃ！」と気になっているのですが、観ていないので断る理由が思いつかず、断ることもできない状態。15分ぐらいの短い紹介だし、早送りだってできるんだからチャッチャと観ちゃえばいいじゃない！と自分に言い聞かせるのですが、やらない私。

「もしかして過去の失敗が引っかかってるの？」と思って、自分自身がテレビ番組に出ることを考えたら**「落ち着きがない自分の姿をさらすのが嫌だ！」という気持ちが浮かんできます。**

幼稚園の頃に、幼稚園の先生だった母親から「あんたの踊りはタコ踊りみたいだね！」と馬鹿にされて皆の前で真似をされて恥ずかしかった場面が浮かんできます。

過去を思い出し、「テレビの前で失敗して自分のみっともない姿をさらすかも……？」と思ったら落ち着いていられなくて、「無理～！　自分のみっともない姿を大衆にさらすなんて～！」と動けなくなってしまいます。

そんなことを考えていたら「あ！　そういえば全国ネットのテレビ番組に出演して失敗したことがあったんだ！」ということを突然に思い出したんです。

ＤＶＤ視聴を躊躇《ちゅうちょ》した時に、このテレビの失敗がすっかり頭から抜けていたのに気が付いてちょっと怖くなりました。

あの失敗したテレビ番組に出演する前に「大衆の前でみっともない姿をさらしてしまうのでは？」と不安になって、何度もそうなってしまう場面を想像して心配していました。

その時、自分の中では「こうやって失敗の場面を想定することで未然に防ぐことができる」と思って様々な状況を想定してイメージトレーニングをしながら不安になっていたんです。

アナウンサーから意見を求められたら「頭が真っ白になって何も言えなくなって恥をかく！」とか「聞かれたことと全く違うことを話している！」なんて場面を想像して不安になってしまいます。

そして、そうならないように、一生懸命に頭の中で、失敗しそうな場面を繰り返し練習するんです。本番前の打ち合わせの時には、ディレクターから「お〜！ 先生！この調子で本番もお願いします！」とごきげんで言われて気分が盛り上がり、「あの不安は取り越し苦労なのかも？」と希望が湧きます。

でも、実際にカメラを向けられて全国ネットで視聴者の前に姿をさらした時に、不安に思っていた通り、頭が真っ白になってさっきまでスラスラ出ていた意見が全く出てこない！という状況になってしまったんです。

終わってから**「想像していた通りの大失敗を犯してしまった！」とショックを受**

**けました。悪夢が現実になった最悪の瞬間でした。**打ち合わせの時はあんなにスムーズだったのに！と後悔しか浮かびません。

いつもなら「あ〜あ！　あんなに不安になっていろいろ考えて損をしちゃった！」と思って終わるようなことだったのに、この時ばかりは「不安がすべて現実になってしまった！」という恐ろしい出来事になってしまったんです。

だから、あんな失敗をして恥をかきたくないから「やりたくな〜い！」となっていたんです。

## ○ 心の傷と、トラウマの再上演

でも、何であんなに心配して準備していたのに失敗しちゃったんでしょう？

**心の傷には「トラウマの再上演」という興味深い現象があります。**例えば、父親が浮気性で母親が泣いているのを見て育ったから「浮気をする人とは結婚したくな〜い！」と思っている女性が、この人は大丈夫と思った男性と付き合ってみると、その

テレビで失敗したらどうしよう…
そうならないようにイメージトレーニング…
言葉が出てこない…!
本番
悪夢が現実に!
頭が真っ白!!
先生どうですか?
パク
パク

男性が実は浮気性のゲス男で、気づくと自分も母親と同じになっているということがあります。

「浮気をされるんじゃないか？」と不安に思って先読みして、相手を選びに選んで付き合ったら「また浮気性の男性に当たっちゃった！」というように、繰り返してしまうんです。

暴力を振るうような男性と付き合って、心の傷を受けて不安になると、「この人は大丈夫」と思った別の男性と付き合っても、また暴力を振るわれ「やっぱり不安が的中した！」と繰り返してしまうのは心の傷のせい、ということが多くあるんです。

過去のアメリカの研究では、高速道路でパトカーがパトライト（チカチカする回転灯）を点けて止まっていると、それを見た運転手が「そっちの方に行っちゃダメだ〜！」と思っていればいるほど、ハンドルがそちらの方に向いてしまって、止まっているパトカーに衝突してしまう、というものがありました。

もしかしたら**心の傷も「あんな苦しい目にあいたくない！」と思えば思うほど、**

**ハンドルがそちらの方に向いてしまって「悪夢が現実になった！」ということになるのかもしれません。**

自分では「過去の失敗を繰り返さないように」と先読みして心配しているのに、それをすることで逆に失敗の方向にハンドルをとられてしまうのです。

そして、それを何度か繰り返すうちに、先読みして考え過ぎて「動けない！」という状態になってしまいます。だって、動いたらどうせ心配した通りに失敗してしまうんですから。

# そもそも、失敗って何？

## ○母親の期待に応えられないことが失敗だった私

「失敗、失敗」と書いていますが、**「失敗って何？」ということを改めて考えてみると面白いことがわかってきます。**

子供の頃、ピアノの発表会で、音を間違えて「失敗しちゃった！」と焦りました。そして親から、「あんたがちゃんと練習をしないから、あんな失敗をしたんだ！みっともない！」と怒られて泣きました。

幼稚園のお遊戯の時間に、皆と同じダンスができなくて「タコ踊り！」と馬鹿にされて恥をかかされたことも失敗として記憶にこびりついています。

テレビの番組にコメンテーターとして出演した時に、テレビディレクターの期待に応えられなかったことも「うまく発言できなくて全国ネットで恥をかいた」という失敗の記憶として私の中に深くこびりついています。

でも、よくよく考えてみたら、ピアノだって、練習していないんだから、間違えるのは当たり前。プロのピアニストみたいに完璧に弾きこなすことなんてできるわけがないし、誰も子供にそんなことは望んでいません。

そう考えてみると、「貧乏なのにピアノレッスンのお金を出して習わせてくれていた親に恥をかかせた」ということが私の〝失敗〟の基準となります。お遊戯の時も、皆と同じようにできなくて、**母親の期待に応えられなくて馬鹿にされたことが〝失敗〟**なんです。

そして、多分、テレビディレクターの期待に応えられなかったことが母親の期待に応えられなかったことと重なり、「失敗した！」という気持ちになっていました。

振り返ってみると、**私の〝失敗〟って、基準は母親なんですね。**母親が望むような清く、正しく、優秀で完璧な子供でなければ「失敗した！」と思っていたんです。

## ○気を付けると、ますます失敗！

子供なのに、大人の母親の気持ちを考えて、母親の気持ちを害さないように「失敗しないように」と気を付けます。でも、パトカーのライトでのたとえのように、「失敗しないように！」と注意を向ければ向けるほど、失敗の方向に行ってしまいます。

だからますます失敗して「母親を悲しませるダメな子」となり、再び「今度こそは失敗しないように！」と努力するのですが、ピアノの練習も勉強も「しなくちゃ母親を失望させる」と思えば思うほどうまく集中できなくなります。

ピアノの先生に叱られたり、テストで赤点をとって先生から呼び出されたり、遊んでいて服を汚したり、と母親を失望させることばかりしていました。

そして、失敗するたびに「今度こそは母親を失望させないように」と完璧な自分になろうと努力するのですが、**完璧を目指せば目指すほど〝失敗〟に目が向くのでまた失敗。「やっぱりダメだ！」と、やがて行動することが怖くなってしまうんです。**

戦艦のプラモデルを買う時も「作る時に失敗したらどうしよう？」と不安を抱えながら買ってしまい、パーツを切り離している時に間違って破損させてしまったら、完成した時に「ここが破損してるじゃない！　無駄にして！」と怒っている母親の姿が浮かぶので「失敗した！」とやる気を失くしてしまいます。

「こんなのを見せたら母親を悲しませる！」というのが最初からわかっているからです。だから〝失敗〟したらやる気を失くして、作りかけのプラモデルは箱に入ったまま押入れにしまわれてしまいます。

完成したプラモデルがないのは、ちょっとの失敗でも母親を悲しませてしまうと思い、途中でやめてしまっているから。でも、作っていないプラモデルの箱が押入れに積み重ねられていて、それを見た母親が「こんなにお金を無駄にして！」と嘆いた時点で今度は「お金を無駄遣いして失敗した！」ということになってしまうんです。

**母親の望むような子供になれなかった私は〝失敗続き〟の状態になります。**「母が望むような完璧な子供にならなければ」と思えば思うほど、失敗に注目してしまい、その結果、失敗を繰り返して落ち込みます。

そして、**失敗して母親を悲しませるよりは何もしない方がよい、ということになるから失敗が怖くて行動しない子になっていったんです。**

大人になっても「母親が望むような完璧な子にならなければ」という強迫観念は消えません。なぜなら、これまで生きてきて失敗ばかりで、母親を悲しませることしかしてこなかったから、**「母親を悲しませない」という目的が達成されていない**んです。

すると、母親の代わりに、パートナーだったり、上司、そしてディレクターの期待に応えられなかったらどうしよう？と不安になってしまいます。不安になればなるほど〝失敗〟をして失望されることを恐れて行動するので、意識がいつも〝失敗〟に向いてしまいます。そしてまた、失敗して相手を失望させる、ということを繰り返してきたんです。

# 第3章

# 失敗が怖い人は、「菌」を増やしてみよう！

## 新しいジーンズをあえて汚してみると…？

### ○ジーンズを汚したらすべてが変わった！

ある時、ジーンズのお尻の部分がすり減って破れてしまったので、新しいジーンズを思い切って買うことにしました。お店に行ったら、いつもの安いジーンズが売り切れていて、ヴィンテージのちょっとお高いジーンズを勧められて、お金がないのに買ってしまいます。

「あ〜あ！　失敗した！　高いのを買っちゃった！」と思うのは「無駄遣いをして！」と悲しむ母親の姿が無意識に浮かぶから。

「この高いジーンズを穿《は》いて汚しちゃったらどうしよう？」と不安になって穿けずに、**破れたジーンズを惨めに穿き続けるのがこれまでの私でした。**

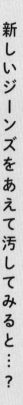

せっかく買った新しい素敵なジーンズも汚すことが不安で、自由に穿くことができないんです。**新しいジーンズを穿いてしまったら汚すことを想像して不安になって自由に動くことができなくなる私がそこにいたんです。**

でも、お店の姿鏡に映った私のジーンズのお尻は穴が空いていて、破れた穴からパンツが見えて恥ずかしい格好でした。

お尻だったから、自分では見えませんでしたが、後ろから見たらものすごくみっともないかも！と思ったら、いてもたってもいられなくなりました。

そこで、店員さんに「今買ったジーンズを穿いて帰ります！」と言いました。

店員さんは「そうでしょ！　そのジーンズじゃみっともないでしょ！」という顔をして、袋から出して私に手渡してくれました。

私は、新しいジーンズを穿いて、そして、店員さんに穴が空いたジーンズの処分をお願いして、気持ちがすっきりしました。

「お金の無駄遣いをして、失敗したくない」から穴が空いたジーンズをいつまでも穿き続けていましたが、パンツが見えるお尻を人からジロジロ見られていた自分がものすごく滑稽に見えたんです。

一体、誰にそんなに気を遣って、お金を使わないようにとか、ジーンズを汚さないように、って我慢してきたんだろう？と思ったら馬鹿らしくなって、私は新しく穿いたジーンズで地べたに座ってみました。

これまでだったら、おろしたてのジーンズを汚すのが嫌で電車の座席に座るのも躊躇《ちゅうちょ》していたのに、地面に座ってみたら、頭の中がスーッとして私は何かから解放されました。

**「何で新品のジーンズを汚すことを〝失敗〟って思っていたんだろう？」**とおかしくなってきます。地面の温もりがジーンズを通して伝わってくる頃に「あ！　そうだ！　動物園に行こう！」と思いつきます。

## ○ジーンズが、冒険させてくれた！

立ち上がって、お尻に付いた土埃《つちぼこり》をパンパンパンパンと叩いて、小学生の頃の遠足でしか行ったことがなかった動物園に向かって歩き始めます。「お金を無駄に使って〝失敗した〟と後悔するのでは？」とか「一人で動物園に行ったりすると、周りから変な目で見られて嫌な気分になってしまうのでは？」なんてことを考えて行くのを諦めてしまうのが、普段の自分。

でも、**新しいジーンズをあえて汚してみたら、そんなことを一切考えなくなって、動物園でぶらぶらしてみたくなったんです。**

普段なら、「汚いかも？」と思って触らない手すりに寄りかかりながら猿山を眺めて「自由でいいな〜！」とのんびりした気分に浸ります。

動物を眺めながらぶらぶらと歩いていると、普段なら「汚いから」と思って座らないベンチが鹿の柵の前にあって、そこに座って鹿を眺めながら、いつの間にか私は暖かい日差しを浴びながら眠ってしまいます。

いつもだったらそんな時、パッと起きて「時間を無駄にした！」と慌てて家に帰る私ですが、目が覚めてものんびりゆったりとした気分でいられます。

いつの間にか老夫婦が隣のベンチに座っていて、私のことを微笑ましそうに眺めていたので「いつもお二人でいらっしゃるんですか？」と聞いてしまいます。
いつもの自分だったら「無視されたらどうしよう？」とか「変な人だったらどうしよう？」と心配して絶対に声なんてかけなかったのに、汚れた新品のジーンズとともに、私は普段やらなかったようなことをやっていたんです。老夫婦と会話をして、更に夕日に照らされるキリンを心ゆくまで眺めてから、家路につきます。

帰る途中に焼肉屋さんがあったので、何も考えず、ぶらりと入ってしまいます。「一人だから注文はどうしよう？」とか「店員さんが変な人だったらどうしよう？」、「値段が高かったら？」、「恥をかくとか不快な思いをするのでは？　無駄遣いなのでは？」なんてことを考えて、いつもだったら入れないような汚い店に入っていきました。

新しいジーンズが更に焼肉の油で汚れちゃうかもしれないのに、そんなことも考えずに一人で注文して「この店の肉って美味しい！」とめちゃくちゃうれしそうに食べている自分がいます。

すると店員さんが近づいてきて、軽く日焼けをした私に「どこかに行かれていたんですか？」と声をかけてきます。

私は、「変なことを言っちゃったらどうしよう？」なんて考えることなく「さっきまで動物園に行ってたんです！」と、子供のように店員さんに話している自分にびっくり。

自分ってこんなに自然に雑談ができるんだ！とちょっと感動しました。いつもだったら、失敗を恐れて緊張して「上手く喋れない！」って悩んでいたのに。

楽しく食事をして家に帰ってみると、ジーンズの染料が手について、手が青くなっていました。「あ！　新品のジーンズって染料がいろんなところについちゃうから、一度洗わないとダメなんだ！」と思ったのですが、私は、こんなに冒険をさせてくれた汚れたジーンズを洗うのが惜しくて、そっと畳んで机の上に置きました。

普段だったら外に行って汚れたジーンズを机の上に置くなんてありえないのでちょっとびっくり。**明日はこのジーンズが私にどんな冒険をさせてくれるのかが楽しみになっていたんです。**いつの間にか。

新しいジーンズをあえて汚したら
冒険できた!!
LEVEL UP!
老夫婦と
会話
LEVEL UP!
ひとり焼肉
エンジョイ

## あえて失敗して汚れてみよう。人生が変わる！

### ○ジーンズが汚れて私に何が起こったか？

おろしたてのジーンズは汚しちゃいけない、というルールが私の中にありました。でも、それが、子供の頃からの「汚すと母親が悲しむ」という流れからきていることなんて気が付きませんでした。

汚しちゃって「失敗した！」と後悔するのが怖くて、私は自由に行動できませんでした。でも、**あえて失敗して汚してみると、私は後悔するのではなくて、むしろ自由に行動できるようになって、これまでやったことがないことに挑戦できるようになりました。**

一人で動物園に行っているところを知り合いに見られたら、「あの人一人で動物園なんて行って頭がおかしいのかも？」なんて思われるかもしれない――。

母親の口癖であった「世間体が！」という言葉が浮かんできます。

「母親を失望させたくない」という子供の頃からの不安が、いつも私をブロックしていました。

でも、ジーンズをあえて汚して〝失敗〟してみると、そんな世間体なんてどうでもよくなり、自分のしたいことが自由にできるようになります。

**あえて失敗することで母親の期待に応えられないルールから解放されて、いつの間にか自分らしく生きられるようになりました。**

でも、おろしたてのジーンズを汚しただけなのに、なぜこんなに簡単に失敗の不安から解放されて自由に動けるようになったの？という疑問が湧きました。

私に何が起こったんでしょう？

# 海に入ったら、余計なことを考えなくなった！

## ○ラクになれたのは、海の微生物のおかげ？

ある時、夫婦問題でお越しになられたご夫婦のカウンセリングの中で、旦那さんが「サーフィンと薬物はセットでどちらも止められない！」とおっしゃっていて、奥さんは、そんな旦那さんへの怒りでワナワナと震えています。

私はあっけにとられてしまいました。私は、泳ぎも得意じゃないし、子供の頃に大きな波にのまれて溺れかけたことがあって「海は怖い！」と思っていたのでサーフィンには全く興味がありませんでした。

でも、この方のこの言葉を聞いた時に、怒りで固まっている奥さんの手前もあって「じゃあ！　私が薬物なしでサーフィンをやってやろうじゃないの！」と余計なことを言ってしまいました。

その週末に重い腰を上げて、早朝から海に出かけて、友達のサーフボードを借りてサーフィンを教わりました。「ドボ〜ン！」と波にのまれてしばらく浮き上がってこれなくて溺れそうになりました。

何度も波にのまれて海水を大量に飲んでしまって「ヒエ〜！」とパニックになりました。でも、不思議と嫌じゃないんです。

この時**「あ！　ジーンズを汚した時と同じだ！」とあの時の感覚がよみがえってきます。何にも考えないで、ただひたすら楽しむあの感覚。**2時間ぐらい海に入った後に、友達と一緒に日向ぼっこをしていたのですが、あの動物園の時と同じように時がゆっくりと過ぎていきます。

いつもだったら付き合ってくれた友達に気遣って「何か喋らなきゃ！」と考えて不安になるのに、一切何も考えないでそこにいることができます。

「こんな話をしたら相手から嫌われるかも？」なんて、いつも考えてしまうことが一切浮かんでこないんです。頭の中が静かで心地よくて、日差しを感じながらそこでゆったりすることができます。運動をしたから頭がすっきりして不快なことを考えなくなったの？とその時は思ったのです。

でも、なぜジーンズを汚した時と同じ感覚なの？というのが不思議でした。何度か海に通っているうちに**「あ！　もしかしたら、海の中にいる菌や微生物のおかげで余計なことを考えなくなったのかも！」**とひらめいたんです。

## ○ ダメ出しが全く響かなくなった！

うれしくなって、次のカウンセリングで、クライアントのサーファーの旦那さんに「海の中に入っていたら海の中の菌や微生物のせいでアホになって余計なことを考えなくなったんです！」と報告をしました。

すると、その旦那さんが、「そうなんですよ！　僕なんて治らなかったアトピーが海に入っていたら治っちゃったんですから！」とおっしゃいました。

そしたら、奥さんもうれしそうな顔をして、「子供もアトピーがひどかったんだけど、砂遊びをするようになって砂を食べたらアトピーが治ったんですよ！」と会話に入ってきたんです。ヒエ〜！　そんなことがあるんですね！

そして、ある日、お孫さんがものすごいアトピーで悩んでいらっしゃる方にこのお話をしました。その方は、それまで「アトピーがひどくなるから」と思っていつも殺菌をした家の中からあまり外に出さなかったお孫さんを、早速、外に出して泥遊びをさせたそうです。

すると、たちまちアトピーが治ってしまった、という話を聞いて更にびっくりしてしまったんです。

「何で？」

その時、学校で習った **〝自己免疫機能〟のことを思い出しました。** 腸の中に細菌やウイルスなどが入ってきた時に「これは体に悪い！」と判断をする機能があります。

そして体を守るために「悪いものを攻撃しろ！」と免疫が菌とかウイルスを攻撃し

ちゃいます。

本来はウイルスとか体に悪いものだけを攻撃する免疫のはずが、花粉が入ってきても「悪いものだ〜！」と攻撃しちゃうと「花粉で鼻水が止まらない！」と花粉症になってしまいます。

正常な皮膚なのに「攻撃しろ〜！」と自己免疫が暴走しちゃう場合もあります。

誰にでも当てはまることではないかもしれませんが、海に入ったり泥遊びをしたり雑菌にまみれたら、自己免疫が暴走しなくなった、というのはものすごく興味深かったんです。

それ以上に興味深かったのは、私も汚いところに座ってジーンズを汚したり、雑菌がたくさんある海の中に入って海水を飲んだら、「無駄遣いしちゃダメ！」とか「相手を退屈にさせてはダメ！」、「動物園に行っちゃダメ！」そして「いい人でいなきゃダメ！」なんていう**自分へのダメ出しが頭の中に響かなくなって、自由に行動できるようになっちゃったってこと。**

「それは体に悪い！」と自己免疫が自分の正常細胞を攻撃するように、私の場合は母親を失望させないように清く正しく生きるために**「それは間違っている！」とか「そんなことを言ったりやったりしちゃダメ！」と頭の中で片っ端からダメ出しをして私の正常な思考を攻撃していたんです。**

もちろんサーフィンを始める時も、「そんなことどうしてやるの！」とダメ出しが入って、そして私はいつもだったら行動できなくなっていたんです。

でも、あえて失敗して、新しいジーンズを汚したり、海に入って雑菌にまみれてみたら「あれ！　ダメ出しが響かなくなってる！」ということに気付けて面白かったです。

## いろんな人や環境にふれることで、「菌＝免疫」が増えていく

### ○ 菌にふれて、モテはじめた女性

ある女性が「そろそろ結婚をしなきゃいけない年齢になっているのに、どうしても婚活をすることができないんです！」と悩んでいらっしゃいました。

婚活をする前から「相手が変な人だったらどうしよう？」とか「相手から嫌われちゃったらどうしよう？」などと考えてしまって、行動できずに時間だけが過ぎてしまうと言います。

友達も最初は「大丈夫だよ！」とか「一緒に婚活パーティーに行こうよ！」と誘ってくれていたのですが、本人がいつまでも動かないので最近は誘ってくれなくなり「本当にこのまま結婚できずに終わってしまうかも？」と不安になっていました。

そして結局、結婚相談所に行くことはできなくて、代わりにカウンセリングでこの「一歩踏み出せない！　行動できない！」自分を何とかしてもらおう！とやってきたのでした。

友達や家族がいくら説得をしたって動かなかったのに、「婚活が簡単にできるように！」とオーダーをされた時はちょっと焦ってしまいました。でも、お話を聞いていたら、私と一緒だと思ったんです。

やっぱり、彼女も、母親の気に入らない相手だったらどうしよう？という不安が根底にあったんです。

**失敗して離婚をしたら母親を失望させてしまう、という不安が根っこにあって、母親の「どうせ、あんたなんかに見つけられない！」というダメ出しが頭の中に響きます。「そのままのあなたなんて受け入れてくれる人はいない！」と。**

もし、私と一緒だったら、**あえていろんな人と会ってみて、失敗して菌をいっぱい採取しちゃえばいいんじゃない！**とひらめきました。

そして、その私の話をした時に、「え？　菌を採取するだけで、このダメ出しが止まって自由に行動ができるようになるんですか？」と女性の目が輝きました。

それで、「菌を採取するために婚活パーティーに参加してみましょう！」と言うと、女性はうれしそうに帰っていきました。

そして、女性がカウンセリングに再び登場した時は、別人みたいにきれいになっていて、ちょっとびっくり。

「これはすごい変化！　どうやって菌を採取したんですか？」と私の方が興味津々。

女性はうれしそうに「先生ができるだけ雑菌を！とおっしゃっていたので、普段だったら行かないような婚活パーティーでも積極的に参加して、できるだけいろんな男性の近くに寄って話をして、そして握手をして菌を採取してみたんです！」と話します。

「実際、確かに『この人はダメ！』というブロックがどんどんなくなって、どんな男性でも気楽に話すことができるようになったんです！　そしたら、参加するたびに希望の相手とカップル成立して、その成立した人とデートをするのが大変で！」とおっしゃっていて、「本当に菌ってすごいんだ！」とびっくりしてしまいました。

あんなに真面目で固い印象があった女性がみるみる柔軟になりました。

あまりにもきれいになって、複数の男性とデートをするようになってしまったので、私の方が「こんなにモテるようになって大丈夫なのか？」と不安になるぐらいだったんです。

菌の採取って面白いですね。

## ○会社の人と菌交換で、思ったことが言えるように！

ある女性は「仕事で自分をもっとアピールしたいのに怖くてできないんです！」と悩んでいらっしゃいました。仕事はちゃんとできるのに、上司に「自分はこれだけがんばっているんです！」というアピールができないから、仕事ができなくてもアピールがうまい子ばかりが自分よりも先に出世したり、昇給していって嫌になっちゃうんです、と肩を落として話されます。

どうやら、自分をアピールしようとすると**「実際にアピールして、それがわかってもらえなかったらどうしよう？」と真面目に考えちゃうとのこと。**

周りの子なんて、何にも考えないでアピールできるのに、どうして自分は真面目に考えてしまうんだろう？と悩んでいらっしゃいました。

そこで、あえて失敗をして〝菌〟を採取するというお話をその方にもしてみました。菌を適度に採取すれば、自分へのダメ出しがなくなって不安がなくなるから、アピールが気楽にできるようになるかも？というお話です。

「菌の採取はあなたが普段行かない、会社の飲み会と二次会のカラオケで行なってください！」とお伝えしたら「え〜？　なんで私が会社の飲み会にあまり参加しないってわかったんですか？」と不思議がられていました。

私は、「失敗が怖くて行動できない人って雑菌を怖がるからそういう場が苦手なんですよね〜！　私もなんです！」と心の中でつぶやいていました。

## ○真面目だった彼女がいい感じに！

そして、次のカウンセリングの時に、あんなに**真面目だった女性がちょっと冗談が言えるような、くだけたいい感じになっていました。**

私が「お〜！　会社の方って、結構くだけた方が多いんですね！」と、つい頭で考えていることを口に出してしまったら「なんでそれがわかるんですか？」と驚いていました。

だって、以前よりも全然くだけた感じになっているし、適当に自由に話ができるようになっていらっしゃるから、とお伝えしたら**「菌って本当にすごいんですね！」**とびっくりされていました。

実際に会社でも上司や同僚にも冗談が言えるようになって、「私にいい仕事を回してください！」と平気で言えるようになった、と教えてくださったんです。

「でも、先生、これって飲み会やカラオケに参加したから皆と打ち解けられて、思ったことを言いやすくなったんじゃないですか？」と聞かれて、私は「ギク！」となります。

「そうかもしれませんね！」と笑ってその場はスルーしました。

しかし、心の中では「カラオケにも行ったんだ！　カラオケは密室で周りの人と距離が近いから、私が海に入るのと同じぐらい菌が採取できるんですよ！」とうれしくなっていました。

菌を採取するって興味深い。

# 自由に生きるために、菌を増やしていこう！

## ○菌の採取で、自由な自分に！

私が海に入って菌を採取するようになってから、人の中に入っていくのが億劫じゃなくなったということがあります。

人と約束をしていても、その直後から「嫌だな～！　約束しなきゃよかったな～！」なんて考えて気持ちがどんどん重くなって、直前になって断りの電話を入れるなんてこともありました。

何で気持ちが重くなるかというと、会う前から会話の内容などを考えて「相手を退屈にさせたらどうしよう？」とか「相手から嫌われたら……」なんてことを考えちゃうから。

でも、サーフィンで海に入るようになったら、人と約束をしたら「会うのが楽しみ〜！」という気持ちになっている自分がいます。

頭の中で一切相手のことを考えていないし、気を遣うことがなくなっていたんです。

「何でそうなったの？」と考えると、菌を恐れていた時の自分って、相手から見て「きれいでなければ」とか「完璧でなければ」と思っていたんですね。

まあ、単純に汚れていない純粋無垢な状態で見られることを求めていたんです。

**人は、完璧で純粋無垢なんてあり得ません。**だから、頭の中でその存在を演じようとしていると無理があるので苦しくなって行動できなくなってしまうんです。

**菌を採取すると「純粋無垢」である必要がなくなり、「Nobody is Perfect.（完璧なんていやしない！）」と思えるから、素のままで相手に接することができます。**

自分が完璧を演じるのを止めると、相手にも完璧を求めることがなくなるから、怒りに振り回されて嫌な気分になることもありません。

相手との関係で嫌なことがあっても、純粋無垢でなければ「いつだってどこからだってやり直せばいい！」と思えるから、人と接するのが億劫じゃなくなった、と考えられます。

婚活パーティーに積極的に参加するようになった女性も、私と同じように「完璧でなければいけない」ということから「失敗できない」と思うようになり、「失敗が怖くて婚活ができない！」状態だったのが「菌を採取する」ことによって「完璧じゃなくていい！」と気持ちが変わりました。

**いろんな菌を採取することで純粋無垢への固執から解放されていきます。**

すると、「お姫様のような美しい人でなければ男性から好かれない！」なんていう子供じみた思い込みから解放されます。

菌を採取する前の純粋無垢な女性の中には、「私はお姫様のように美しくないから着飾ったらみっともない」という気持ちがあって、服装は地味で、化粧も最低限しかできなくなっていました。

**でも菌を採取してみれば「みんな一緒！　自由になっていいんだ！」と思えます。**

更に男性に対しても、純粋無垢だった頃の「白馬に乗ったかっこいい王子様だけしかダメ！」という願望がいつの間にか消えて、「カエルみたいな王子様も面白いかも！」と思えるようになって、幅広く付き合いを広げて、自分に合った男性を探すことができるようになったんです。

## ○いい加減になって、ラクになる

純粋無垢なお姫様と王子様の世界で生きていたら本当に不自由ですよね。

でも、婚活パーティーに参加して、男性と雑談をして更に握手をして菌を採取することで、どんどん適度に解放されて、そして皆と一緒の現実の世界で生きられるようになります。

現実の世界は、これまでの純粋無垢なお姫様の目線だと「汚い！　醜い！」ものですが、実際にそこで生きてみると「自由！」なんです。

菌を採取することで女性は自由を手に入れることができたんです。

職場でアピールができなくて会社で認められない、というケースでは「同じ釜の飯を食う」という言葉を思い出します。このことわざは「苦楽を共にしてきた親しい仲」を表しますが、私は「同じ釜の飯を食う」ということから、会食の大切さを感じるんです。

会食の時に、菌の交換があるから、それによって、純粋無垢な完璧主義者を柔軟にします。

**自分が完璧である必要がなくなれば、相手にも完璧を求めなくなるから、「お互いに受け入れ合う仲間！」という関係がここで成立するわけです。**

アピールできなかった女性は「自分がアピールしてもちゃんとわかってもらえなかったらどうしよう？」と、自分が完璧でなければいけないという思いがあったから行動できなかったのですが、それと同時に相手にも完璧を求めて「アピールをしなくても、私のすごさ、素晴らしさを受け取ってほしい！」と思うから、会社に対しての怒りが湧いてきてしまうんです。

会食をして、そしてカラオケに行って菌を交換することで、純粋無垢な完璧主義から解放されていい加減になります。

**完璧を求めなくなりいい加減になると「みんな仲間！」という意識が高まっていくから、仲間と一緒に信頼し合って自由に行動できるようになるんです。**

でも、それだけじゃないような気がしているんです。

## 菌を増やすと、人生の可能性がどんどん広がっていく！

### ○ 欠点改善ができるようになる

最近、健康な人の腸の菌を直接採取して、そして、病気の人の腸に移植することで「病気が治っちゃった！」という研究が出ていました。「菌の採取の大切さ」を実感していた時に聞いたニュースだったので衝撃を受けてしまいました。

ちょっと話が飛躍しているかもしれませんが「健康な人の菌を取り入れることで病気が治って健康になれる」ということだったら、**アピールできない！という欠点もアピールが上手な健康的な人の菌を採取することで、改善されて「アピールがうまくなった」のでは？と考えたくなります。**

要するに、健康的な人の菌を取り入れることで、これまでの自分の欠点と思われていたことが改善されて、人生の可能性がどんどん広がっていくかもしれないということなんです。

昔の職人さんは、お弟子さんと一緒に同じ釜の飯を食うことで菌のやり取りがあって、親方の技術が菌によって伝承されていたのかも？と考えるんです。

そう考えてみると、いろんな健康な人を探して、そのグループに入って一緒に食事をしたりして、どんどん自分になかった菌を採取していくことで、人生の可能性が広がっていくのかも？と思えるんです。

## ○技術やセンスの習得も、菌でＯＫ？

洋服のセンスが全然ない方が「おしゃれな店に入るのが苦手〜！」と言っていました。

でも、**おしゃれになりたければ、おしゃれな店の店員さんと接触してそのおしゃれ**

**な菌を採取してくることがとっても重要になるんです。**

何度も何軒か通って、おしゃれな人たちの菌を採取しているうちに「あれ？　洋服のセンスが変わった！」ということが起こります。

人はこれを「店員さんから教えてもらって学習したからでは？」と思うのですが、もしかしたら、〝ダサい〟という病気が、おしゃれな人の菌を摂取することで「おしゃれになったかも！」と考えると面白くなってきます。

私は、カルチャーセンターの合気道のレッスンに通っていた時に、「うまくなりたい！」と思っていたので、必ず、練習終わりの食事会には積極的に参加して、一番上手なお弟子さんか先生の近くに座って菌の採取をする、ということをしていました。

菌を採取した翌週のレッスンの時は、前回の時とは確実に違っていて、先生の動きを自然と真似できて「あ！　これなんだ！　先生が見ている世界は！」という感覚が得られました。

レッスンの時の力の抜き加減が、言葉で教わらなくても自然とできるようになって「どんどん自分が変わっていく!」という楽しみがあったんです。

もしかしたら、技術の習得は言葉を必要としなくて、菌が必要なだけなのかも?と極端なことを考えたほどでした。

なぜなら、先生は全く言葉で教えてくれなかったのに、技術は確実に私のものになっていたからなんです。


ですから、欲しい技術を持っている人に教わりに行くんじゃなくて、ひたすら菌の採取をしよう、と思いながら接触していくと、いつの間にか自分の可能性が広がってどんどん自由に積極的に生きられるようになっていくんです。

# 第4章

# 自分をブロックしている〃呪いの暗示〃に気付く方法

# "呪いの暗示"って何？

## ○ 脳はネットワークでつながっている

小さい頃、まだ、自転車の補助輪を外してもらったばかりで、フラフラ運転しかできなかった時に、父親が会社のビデオカメラを持ってきて、私が自転車に乗っているところを撮影していました。

すると、後ろから大きなトラックがやってきました。

そして父親がカメラを持ちながら**「ハンドルがまだ慣れなくてふらついているからトラックの方に寄って行ってぶつかっちゃうかも？」**とつぶやいた瞬間に、**私のハンドルがふらついたのです。**

すぐわきを走る私よりも大きなトラックの車輪にぶつかって転んで泣き出して、そこからビデオ画面は砂嵐状態になり、私の記憶も途切れています。

トラックにぶつかったことが怖くて、泣きじゃくっていたのですが、身体は全く無傷でした。


あの時の状況を振り返ってみると、とっても興味深いことがわかります。

後ろからトラックが来ているんだったら、自転車をこいでいる私が「怖い！」と思った瞬間にブレーキをかけて止まって、トラックが通り過ぎるのを待てばよかったんです。

それなのに、私は走り続けて、トラックの車輪の方に吸い込まれるようにハンドルが向いてしまいます。

父親が「あの子、トラックの方にふらついちゃうんじゃないか？」と心配した時に、**その心配が私の脳に伝わって、「お前はトラックの車輪の方にふらつく〜！」という〝暗示〟となって、暗示にかかった私は身体のコントロールが自分で効かない状態になってしまった、と考えたら興味深いです。**

**脳内には、ミラーニューロンという神経物質があり、他人の姿を見ると、自動的にその相手の真似をしてしまいます。**

そして無意識のうちに、脳同士がコミュニケーションをとっている脳のつながりがある、という仮説があります。

相手が「心配！」と頭の中で思ったことが、脳のネットワークを通じて伝わってきて、それが〝呪いの暗示〟となって、相手が心配した悪い方向に、自分の意志に反して体が動いてしまうんです。

## ○ 母親からの「暗示」

私は母親から「この子は勉強にちっとも集中できないから、この先、まともな進学ができないのかも？」と心配されていました。

すると、私は「試験勉強をしなければ！」という時でも、3分と集中することができません。消しゴムをいじったり、シャーペンの芯を出したり入れたりして時間が過ぎていき「全く勉強ができない！」となります。

学校に行ってもクラスメイトから「どうしてそんなに勉強ができないの？」とあきれられていました。

**母親が「この子は勉強に集中できないから、この先ずっと勉強ができないかもしれない……」と心配したのが、脳のネットワークで私の脳に伝わってきたのです。**

それが「私は勉強に集中できなくて、進学できない」という〝呪いの暗示〟となり「勉強に集中したくてもできない！　勉強がわからない！」となっていた、と思われます。

でもそう書いたら「そんなの親のせいにしているだけじゃん！」とか「勉強をしない言い訳じゃん！」と読者の方から非難されてしまいますね。

私も自分のことを「言い訳ばかりしているダメ人間で、ちっとも自分で前に進めない」と思っていました。

でも実際、母親から「この子は言い訳ばかりして、将来、大変なことになるかも？」と心配されていたんです。

この〝呪いの暗示〟の検証をする機会が私には与えられました。

高校時代、英語の成績が10段階中2だったのに「アメリカに留学して心理カウンセラーになる！」と、母親から遠く離れたところに行きました。

その時興味深かったのは、母親と電話で連絡を取っている間は「勉強に集中できない！」という自分は健在だったこと。

ところが、母親と連絡を取らなくなってから「あれ？　勉強に集中できるかも！」と変わります。

それまでは、教科書を開くと、途端に片付けていない机の上が気になったり、掃除し始めたりしてしまって「疲れて勉強なんかできない！」となっていたのに、教科書を集中して読むことができるようになりました。

それまでの「集中できない！」という状態はなんだったんだ！というぐらい勉強し続けちゃったんです。

でも、長期の休みでアルバイトのために帰国して母親の近くにいると、「休みのうちに予習しておかなきゃ！」と思って教科書を開いても一切読むことができなくなります。「あれ？　あんなに集中できていたのにできない！」とちょっとびっくりしました。

でも、母親から離れると「集中できて成績がどんどん上がる！」と、年々、成績が上がっていく喜びを人生で初めて感じられたんです。

## ○ 脳のネットワークで暗示に変換

子供の頃から〝暗示〟というものは知っていたのですが「〝暗示〟で勉強ができないなんて言い訳をしているだけ！」と自分でも思っていました。なぜなら母親から直接「あなたは勉強に集中できなくなる〜！」と言われて暗示をかけられたわけじゃありませんから。

ただ、心配そうに「この子は勉強にちっとも集中できなくて大丈夫かしら？」と言う目で見られていただけでした。

母親に言われた覚えがないから「自分の思い込み」と思っていたのですが、言葉を使わないけれど**〝心配〟という体《てい》で頭に思ったことが脳のネットワークで〝呪いの暗示〟として伝わってくるのでは？ということが見えて来たんです。**

カウンセリングに、学校の勉強を一切しない息子さんを抱えたお母さんが来られ、「この子は将来ずっと親のすねをかじり続ける子になるのでは？」という心配をしていらっしゃるのを聞きます。

「あ！〝呪いの暗示〟だ！」ということを、私のような暗示の体験者は感じるんです。そこで、心配が起きそうになったら「この子はよくやっている！」と頭の中で唱えていただくと、不思議とそれまで勉強に興味がなかった息子さんが勉強し始めます。

そんな時にお母さんが「すぐにまた元の状態に戻るんじゃないか？」と心配すると、またゲームばかりの生活に戻ってしまいます。

そこで、ゲームをやっていても息子に対して「この子はよくやっている！」と思うようにしていただくようにアドバイスしました。

すると、息子は彼女を作って彼女と一緒に勉強をやるようになったと言います。

「言葉で伝えなくても、〝心配〟は脳のネットワークで伝わって〝呪いの暗示〟に変換されちゃうんだ！」と実感した瞬間でした。

〝呪いの暗示〟から解放されて、どんどんステップアップをしていく息子さんの姿を眺めながら「うらやましいな〜！」と感じるのでした。

## ○お母さんの暗示で運転できない？

ある方は「運転が怖くてできないんです！」と悩んでいらっしゃいました。免許を取ったんだから運転はできるでしょ！と思うのですが「自分が運転をしたら、他の車にぶつかって事故を起こしちゃうんじゃないか？と不安になるんです」と真剣な顔をされて仰ったので「あ！　完全に〝呪いの暗示〟にかかっている！」と思いました。

**〝呪いの暗示〟にかかっていると、その暗示を解こうとすればするほど、どんどん「できない！」とかたくなになっていってしまうんです。**

もし、暗示にかかっていなかったら「そうだよね！　運転免許が取れたんだから、ペーパードライバー教習を受けて慣らしてみればいいか！」と柔軟に考えられるはずです。

でも〝呪いの暗示〟にかかっていると「そんなこと言ったってできない！」「何を言われても無駄！」という状態になってしまうのが暗示の特徴です。「呪いをかけた人しか呪いを解けません！」みたいな感じ。本当におとぎ話みたいなんです。この方のお話を聞いてみると「やっぱりお母様だ！」となります。

話を聞いてみると、その方のお母様が「あなたは、自転車でもフラフラ運転して溝に落ちるぐらいだから、車なんか運転したら大変なことになるよ！」と心配していました。

だから「運転」の話をするたびに、お母様は「この子大丈夫かしら？」と心配になります。この心配は「この子は車を運転したらぶつけちゃうんじゃないの？」という心配で、それが脳のネットワークで子供に伝わった時に「私は車を運転したらぶつけてしまう〜！」と子供も思ってしまいます。

でも、その思考が母親から伝わってきているものだとは思いません。

自分も「それは現実に起こるかもしれない！」と思ってしまうから「運転は無理！」とか「運転はできない！」ということになってしまうんです。

もし、万が一運転に挑戦したとしても、ちょっとでも**「あ！　危ない！」という瞬間に「やっぱり呪いは正しいんだ！」と感じて、「確実に私はぶつけてしまう〜！」と思うから怖くて「できない！」となってしまうんです。**

## ○〝呪いの暗示〟にかかるポイント

**ここでもう一つ大切なポイントがあります。この〝呪いの暗示〟がかかる時の重要な条件があるんです。**この運転できない方の場合、もし、本当にお母さんが「あなたが事故を起こして怪我をするのが心配で」と思っているだけだったら「お母さんを心配させないように気を付けて運転しよう！」と子供は思うんです。

このお母様のお話を聞いていると、どうやら、お母様は若い頃に運転免許を取りたかったのに、旦那さんに反対されて取らせてもらえなかった、という経験があったんです。お母さんは「運転できたらどこにでも行けるんだけどね！」が口癖でした。ということは「自分が運転できなくて不自由なのに子供が自由に運転できたら悔しい！」という**〝嫉妬〟が湧いていたんです。**

**子供の自由を嫉妬しながら「事故を起こすんじゃないかと心配」と言ってしまうと〝呪いの暗示〟が入ってしまうんです。**

ちなみに「子供の自由や幸せを願わない親なんていないでしょ！　だから〝嫉妬〟なんて親子間で起きるわけがない」、と思われる方もいらっしゃいます。

**「幸せを願わない」のではありません。〝嫉妬〟は動物的反応なので、発作みたいなものだから自分でコントロールすることができません。**

「この子は可愛い！」と言いながらも、発作が起きると「運転なんて生意気！」と嫉妬しちゃう感情は親でもコントロールできないんです。

逆に言ってみれば、嫉妬の発作を見せないように、〝心配〟という言葉がけをした時に〝呪いの暗示〟が生み出されてしまうんです。

## ○　嫉妬を打ち消すために心配する？

さあ、ここで〝嫉妬の発作〟を起こした親の脳から脳のネットワークで子供に伝わってくるメッセージを確認してみます。親は「あんたは車の運転をしたら危ないんだから」と口では言っていますが、〝嫉妬〟ですから「運転なんて生意気だ！　事故を起こして痛い目に合えばいい！」という思考が発作時には自動的に湧いてきてしまいます。

**その嫉妬を母親は打ち消すために「あなたのことが心配なのよ！」と言葉がけをしています。**

でも、子供の脳には「あんたなんて事故を起こして痛い目に合えばいい！」という暗示が伝わってきているから「表面と内面が全く違う！」と混乱します。

催眠療法で〝暗示〟を入れる時は必ず意識を〝混乱〟させるのですが、この母親は表面で言っていることと伝わってくることが違うことによって子供を簡単に〝混乱〟させるから、〝呪いの暗示〟を確実に入れることができて「運転できない！」と言う状態にさせちゃうんです。

運転できなくなった本人は、**〝嫉妬〟のメッセージを脳のネットワークで入れられているので「母親じゃなくて自分の思考がおかしい！」と思ってしまいます。**

「自分が怖がりだから運転ができないんだ!」という間違った解釈をしてしまうと「〝呪いの暗示〟から自由になれない! 運転できない!」という状態が続いてしまうんです。

## ○ 父親の息子に対しての嫉妬

ある男性は、大学受験の際、「父親が受験できなかった学校を受験したら父親が喜ぶだろう!」と思って父親に相談しました。

すると父親が「お前、本番に弱いけど大丈夫か?」と言ってしまいます。

そしたら、息子さんは模試を受ける時に「お腹が痛い!」と集中できなくなって「志望校に対してD判定が返ってきちゃったよ!」ということになりました。

「あれ? 本当に僕は本番に弱いんだな!」と〝呪いの暗示〟が確実に入っていてそこから抜けられなくなってしまうんです。

そんな時に父親は「お前、大丈夫か?」と心配してくれるのですが、本番が近くなるとやっぱりお腹が痛くなって「試験に集中できない!」という状態になってしまうんです。

そこで、息子さんに「お父さんの嫉妬心」の話をしました。
すると「あ！　だから、親父は僕が失敗すると妙にうれしそうな顔をしていたんだ！」と、これまでに感じていた矛盾が解けていきます。

矛盾が解けて混乱しなくなると「本番に弱いのは親父からの暗示だったんだ！」という気がしてきて**「親父の〝呪いの暗示〟になんて負けないぞ！」と思った時に「あ！本番でも大丈夫かも！」と変化するから面白いんです。**

だってお腹が痛くなりそうになったら「親父の奴！　暗示をかけやがって！　でもこれは、親父の暗示だから関係なし！」、と思っただけで、お腹の痛みを相手にしないで済むんですから。

そして、志望校に合格した時に、父親は手放しで喜んでくれます。
「あれ？　嫉妬してたんじゃないの？」とその姿を見て不思議に思うのですが、〝嫉妬〟はあくまでも動物的発作だから、起こしている本人は「嫉妬してる！」とはほとんど認識できません。

〝発作〟だから、その時に言ってしまった言動の記憶も抜けてしまう傾向があり、「私が心配してあげたから息子は志望校に合格できた！」と思い込んでしまうんです。

だから、〝呪いの暗示〟とは意図して作り出されているものじゃなくて、発作的に作り出されて、そして「親が子供を心配しないわけがない」という矛盾の中で入れられちゃうものなんです。

**〝暗示〟にかかっている本人には認識できないんです。「あ！〝呪いの暗示〟にかけられている！」と認識できたら、そこから抜けられるんですけどね。**

## 「心よ！」と自分の心に聞いてみる

### ○心に聞くという方法

ここまで読んでいただけたら「行動できないのは〝呪いの暗示〟がかかっているから」ということが何となくわかっていただけたと思います。

〝呪いの暗示〟なので「どんなに努力をしようとしてもダメ！」と思い込んで、「誰から説得されようが思うように動けない！」となります。〝呪いの暗示〟が効いている状態です。

**そして〝暗示〟は〝混乱〟している時に一番入りやすいんです。**

**だから「あ！　自分を心配してくれるような意外な人間が入れているんだろう**

**な！」ということが見えてきます。**

「この動けない！」の暗示を入れたのは誰だ〜？と探っていくと「あ！　あの人なんだ！」というのがわかります。

暗示を入れてきた相手が誰だかわかると、自分が行動しようとした時に〝躊躇〟が起きたら「あの人から入れられている暗示！」と気付けます。

すると、「もしかして動けるかも！」と徐々に自分の行動が変わっていくんです。

「そんな難しいこと私にはできない！」という方のために、簡単な方法を書いちゃいます。

**それは〝心に聞く〟という方法です。ちょっと考えてみてください。**

「〝呪いの暗示〟をかけている人を探り出すなんて〝できない〟」と思ってしまう時点で〝暗示〟にかかった状態なんです。ということは、今、頭で考えている思考自体も〝呪いの暗示〟にかかったまま考えていることなので「解決策が見い出せない！」となってしまっている状態。

その暗示を簡単に解く言葉が〝心よ！〟という問いかけになります。

自分で「誰が〝呪いの暗示〟を入れているんだ？」と頭で考えちゃうと〝呪いの暗示〟が効いたままだから、先頭に「心よ！」というセリフをつけて、誰が〝呪いの暗示〟を入れているの？」と問いかけてみます。

するとこの**〝心よ！〟は〝暗示〟を一瞬だけ打ち消してくれるから、暗示がかかっていない状態の〝自分〟から答えを引き出してくれます。**

## ○「心よ！」でいろんなことがわかる！

この方法の手順はものすごく簡単です。

まず、脳のネットワークを通じて暗示をバリバリ入れている人を特定して、その人たちの暗示を解除します。

まず、「心よ！ 私と心の間に邪魔がある？」と質問します。

「ある！」という言葉が浮かんだり、〝返答がなかった場合〟は「バリバリ〝呪いの暗示〟が入れられてるじゃん！」ということになります。

**そこで、「心よ！　誰が邪魔している？」と聞いた次の瞬間に浮かんだ人が「〝呪いの暗示〟を入れている人だ！」ということになります**（ちょっとでも浮かんだらそうです）。

そしたら「心よ！　母親からの邪魔を排除してください！」とお願いしてみます。「心よ！　排除できたら教えてね！」とお願いして「いいよ！」と返ってきたら、この作業を繰り返します。

〝呪いの暗示〟を入れてくる人は何人かいたり、何度か同じ人が「邪魔している！」と出てきたりするので「心よ！　私と心の間に邪魔はありますか？」と何度か確認をして「ないよ！」というところまで聞いてみるんです。ここまで来たら下ごしらえはOKです。

例えば「心よ！　片付けができない、というのは私の感覚なの？」と尋ねてみます。〝呪いの暗示〟が効いて「片付けができない！」となっている場合は「違うよ！」と浮かんできます。

自分の心に聞いてみる!
心よ!誰が邪魔している?
すると…
呪いの暗示
ムリムリ〜ムリムリ
ガーン
お母さん…!!

この時、「心の声が聞こえない！」というのは〝呪いの暗示〟になります。そんな時は、ちょっとチェックしてみます。

例えば、今、私が「お腹が空いていますか？」と質問した瞬間に「空いてない！」とか「空いている！」と頭に浮かびます。

その「お腹が空いている！」などと浮かぶ〝思考〟と〝心〟は同じです。

自問自答と変わらないのですが、〝心よ！〟と付けるだけで〝呪いの暗示〟が解かれた自分の思考にアクセスできるという仕組みなんです。

もう一度「心よ！　片付けができないって、私の感覚なの？」と質問をしてみます。すると「違う！」と〝思考〟が浮かんできて「心よ！　誰から入れられているの？」と質問をすると「パートナーから入れられている」と言われて「なるほど！」と納得できます。

パートナーから「あんたが歩いた後は散らかっている」と散々文句を言われて嫌な

思いをしていたからなんです。

「心よ！　なぜ、パートナーは〝片付けができない〟という暗示を入れてくるの？」と質問をしてみると「片付けができたらパートナーが必要ない、と思われちゃうから」と浮かんできます。

「心よ！　私が片付けができたら、見捨てられちゃうって相手が思っているから暗示を入れているの？」と確認をしてみると「そうだ！」と答えが浮かんできて「へ〜！」となります。


だからあんなに私に注意をして、そして私に片付けをさせないようにしていたんだ！ということが見えてきて、〝呪いの暗示〟はパートナーから入れられているんだということがわかります。

ということは、〝心よ！〟を使うと、脳のネットワークを通じてパートナーの意図も探ることが簡単にできちゃうということです。

「心に聞く」ことも最初のうちは「できない！」という〝呪いの暗示〟を入れられて

いるので「聞こえない！」とか「面倒臭い！」なんていう気持ちが湧いてきて億劫になってしまいます。

でも、それは〝呪いの暗示〟が効いているから。

**何度も「心よ！」と聞いているうちに、次第に〝呪いの暗示〟から解かれていき、自由に「心よ！」と質問して〝呪いの暗示〟から解放されて自由になります。**

「心よ！」と確認してみると「できない！」とか「自分には無理」と思っていたのは「自分以外の人からの〝呪いの暗示〟」ということが見えてきて、自由に挑戦できるようになるんです。

# 「行動できない」自分からの脱出法!
## あなたを縛る「暗示」にサヨナラ

ご記入・ご送付頂ければ幸いに存じます。　初版2017・10　**愛読者カード**

❶本書の発売を次の何でお知りになりましたか。

1 新聞広告（紙名　　　　　　　　　）2 雑誌広告（誌名　　　　　　　　　）

3 書評、新刊紹介（掲載紙誌名　　　　　　　　　）

4 書店の店頭で　　5 先生や知人のすすめ　　6 図書館

7 その他（　　　　　　　　　）

❷お買上げ日・書店名

年　　月　　日　　市区町村　　　　書店

❸本書に対するご意見・ご感想をお聞かせください。

❹「こんな本がほしい」「こんな本なら絶対買う」というものがあれば

❺いただいた ご意見・ご感想を新聞・雑誌広告や小社ホームページ上で

（1）掲載してもよい　　（2）掲載は困る　　（3）匿名ならよい

ご愛読・ご記入ありがとうございます。

郵 便 は が き

料金受取人払

神田局承認

3322

差出有効期限
平成30年 8 月
31日まで

1 0 1 — 8 7 9 1

5 0 9

東京都千代田区神田神保町 3-7-1
ニュー九段ビル

清流出版株式会社 行

| フリガナ | | 性 | 別 | 年齢 |
|---|---|---|---|---|
| お名前 | | 1. 男 | 2. 女 | 歳 |
| ご住所 | 〒<br>TEL | | | |
| Eメールアドレス | | | | |

| | |
|---|---|
| お務め先または学校名 | |
| 職種または専門分野 | |
| 購読されている新聞・雑誌 | |

※データは、小社用以外の目的に使用することはありません。

## あの人が自分に暗示を入れてくる理由

### ○人前で話せないのも暗示だった

私は「人前で話をするのが怖い！」という状態になっていますから、頼まれても「恥ずかしいから嫌～！」と断ってしまって、様々なチャンスを逃してきました。ちゃんと人前で喋ることができればもっと仕事でも認められて成功できたかもしれないのに、躊躇して引っ込んでしまったせいで、同僚にチャンスを奪われて、悔しい思いをしていました。

そこで「心よ！　この〝人前で話をするのが怖い〟は私の感覚ですか？」と邪魔を排除する下ごしらえを終えてから質問してみます。

すると「違うよ！」と思考が浮かびます。「ホントかよ！」と思いながら「心よ！

誰から入れられているの？」と質問をしている途中で母親の顔が浮かびます。
「出た〜！　母親か〜！」と思い当たることがたくさん浮かんできます。

そこで自分の中で考えを巡らせないで「心よ！　母親からどんな〝呪いの暗示〟を入れられているの？」と聞いてみます。すると「あんたが喋るとみっともなくて恥ずかしい」と浮かびます。確かに自分も、「みっともなくて恥ずかしい！」って思っているかも？となるので「心よ！　本当に私が人前で話をするとみっともなくて恥ずかしい喋り方なの？」と勇気を振り絞って質問してみます。すると「そんなことはない！」と浮かんできて、ほっとします。

そこで「心よ！　母親は何で私にそんな〝呪いの暗示〟を入れたの？」と質問してみると「母親自身が自由じゃないから！」と浮かんできます。

何々？　私が自由になることを嫉妬しているのかな？と思って「心よ！　母親が嫉妬をして〝呪いの暗示〟を入れて足を引っ張っているの？」と質問をしてみると、次の瞬間に「お母さんは自分が嫉妬しているとは思ってない！　自由じゃない方が、あなたにとって安全だと思っているから。でもその心配は、嫉妬が変換されたもの！」

と浮かんできました。

「なるほど！　母親の嫉妬が、私を守るという体で〝呪いの暗示〟として入っていたのね！」ということがわかります。

## ○暗示から解かれると楽しい！

自由に人前でべらべら話をしてしまったら、〝嫉妬〟されて大変な目に合う、ということを心配しているという体で暗示が入っていたのね！と「心よ！」に確認してみると「そうだ！」と浮かびます。

「心よ！　それって本当に嫉妬されちゃって大変な目に合うの？」と質問してみると「そんなことはないよ！　あなたの好きにして大丈夫！」と言われてほっとします。

忘れていたのですが、子供の頃に友達にいじめられて泣いて帰ってくるたびに、「あんたは誤解されやすいから！」とか「嫉妬されやすいから！」と母親から叱られていました。

怖くなって、人前で自分自身を出すことができなくなって、チャンスを逃して悔しい思いをしていたのですが「これまで私を守ってくれていたつもりだったのか」と思ったら母の嫉妬の発作についても「これまで守ってくれてありがとう！」と感謝したくなったんです。

**「でも、もう必要ないから！」と守ってくれてきた〝呪いの暗示〟に「ありがとう」と別れを告げることができます。**

自分では「喋るのが苦手！」と思っていたのですが「心よ！」と確認してみると、母親が私を守る体で入れた〝呪いの暗示〟ということがわかります。

「出る杭は打たれる」的な教えなのですが、それだけでは効果がないので「あんたが喋るとみっともなくて恥ずかしい！」という暗示で、混乱が起こるために暗示が入り、私のトークは完全に封印されます。

それを出してしまったら「皆から嫌われて孤立してしまう」というような恐怖が私にはあったんです。

でも「心よ！」と聞いていくとその〝呪いの暗示〟が必要ないことを教えてくれます。

そして**〝呪いの暗示〟から解かれてみると「自分は〝呪いの暗示〟が作り出していた幻想の恐怖の世界で生きてきたんだな！」ということがわかる**ようになります。

自分の感覚はあの泣き虫だった子供のままで閉じ込められていたんです。〝呪いの暗示〟から解かれて話をしてみると本当に楽しくて、周りの人とわかり合える一体感を感じることができたんです。

## ○「心よ！」でどんどん自由に！

「心よ！」と聞いて自由になっていくのが楽しくて「もっと自由になりたい！」と私は思うようになります。

「何から自由になったらもっと楽しめるのかな？」と思って探ってみると「あ！私ってチームワークが苦手だ！」ということが見えてきました。

私は、いつも一人ぼっちで〝仲間〟と呼べる人がいませんでした。

人といるといつも相手に気遣ってエンターテインしちゃうので対等じゃないから、一緒にやっている一体感をあまり得たことがなかったんです。

もっと相手を信じることができて、相手に任せて委ねることができたらどんなにラクなんだろう？と思って「心よ！　人を信じることができないのは私の感覚ですか？」と恐る恐る尋ねてみます。

すると、次の瞬間に「違う！」と言われました。

「ホントかよ？」と疑って「心よ！　本当に私の感覚じゃないの？」と確認しても「違う！」と言われて「へ～！」となります。「心よ！　誰から入れられているの？」と聞いた瞬間に母方の祖父の顔が浮かびました。

その時、牧師の祖父から言われていた「神のみを信じろ！」という言葉が浮かんできました。

## ○祖父の暗示からも解放されて

そしたら、すべてのことが私の中でつながったんです。「人を信じたら、神様から見捨てられちゃうような気がして信じることができなかったんだ！」と。

不安になったから念のため「心よ！　人を信じたからと言って神様から見捨てられることはないの？」と確認してみます。

すると即答で「ない！」と返ってきて「それは幻想だから！」と言われます。

「心よ！　だったらなぜ祖父はそんなことを私に入れたの？」と聞いてみたら「普通の人とは違う高尚な人間にならせるため！」と言われます。

「心よ！　全然高尚な人間になっていないんですけど！」と文句を言ったら「今のあなた」という言葉が返ってきて「あ！」と気が付きます。

**私は自分を「特別な人間」と思っていた！　だから「皆とは違うんだ！」ということで、上から目線で周りの人を見下していた。だから、人との一体感が得られなかったんだ！ということがわかったんです。**

そんな時に、自分がものすごく傲慢で嫌な人間だったんだな、と嫌悪感を抱きます。

「心よ！　私は傲慢で嫌な人間なの？」と聞いてみると「それはあなたの感覚じゃな

いから！」と言われた時に嫌悪感が次第に晴れて「皆と一緒に自由に楽しんでいいんだ！」と思えるようになります。

すると、これまで任せられなかった自分の仕事を手放して、同僚に任せて、そしていつの間にか同僚とのチームワークを楽しめるようになっていたんです。〝呪いの暗示〟ってこんなに簡単に解けるんだ！と気分が軽くなっていきました。

## ○この感覚は私のもの？

ある女性は「今の職場にいると全然仕事ができなくて、周りの人から白い目で見られちゃう！」ということを悩んでいらっしゃいました。

「転職しようかな？」と思うと「こんなにまともに仕事ができないのに、転職したって同じことを繰り返すだけ！　どんどん惨めになっていく！」という不安が出てきてしまい、転職活動に踏み出すことができなくなっていたんです。

いろんな人に相談してみると「そんな職場は辞めちゃえば！」と転職を後押しして

くれる人と「給料をもらって仕事を教わっているんだから、そんなに簡単に辞めちゃうなんてもったいないんじゃない？」という人もいて混乱してしまいます。

そこで「心よ！」と聞いて〝呪いの暗示〟を探してみることにします。「心よ！仕事ができない！という感覚は私のものですか？」と尋ねてみます。

すると「違うよ！」と返ってきます。

「え？　違うんだ！」とちょっとショックを受けます。

「心よ！　この〝仕事ができない！〟って誰が入れているの？」と尋ねてみると「職場の人！」と返ってきます。

その時に職場の同僚から「何であんたは人並みに仕事ができないの！」と怒られていたことが思い出されるんです。

「あ！　確かにあの人と仕事をしてから、私はどんくさくなった！」ということが浮かんできます。

「心よ！　何のために同僚は〝仕事ができない〟という〝呪いの暗示〟を入れているの？」と質問をしてみると、「あなたに仕事をとられて、皆の注目まで奪われて、自分の居場所がなくなるのを恐れてそれをやっている！」と言われて「なるほど！」となります。

## ○ 心に聞いたら、自分のための職場に出会えた！

確かに、男子社員の注目が自分に向いた時に、同僚の風当たりが強くなった、と感じていたことを思い出したんです。「心よ！　この同僚から入れられている〝呪いの暗示〟はどうしたらいいの？」と聞いてみると「どうでもいい！」と返ってきます。

「え？　心よ！　どうでもいいって、よくないから！」と愚痴を言ってみると「新しい仕事があなたを待っているからどうでもいい！」と返ってきます。

「え？　何？　心よ！　どんな仕事が私を待っていてくれるの？」と聞いたら「それを先に知っちゃったら楽しくないでしょ！」と言われて「確かに！」と納得します。


女性は、女性を待っている職場を探しますが、なかなか見つかりません。

「心よ！　本当に私を待っている職場は存在しているの？」と質問をしてみると「あ

る！　ある！」と軽い答え。

「本当に信用していいのかな？」と不安になります。探し続けてみると「あ！　ものすごくいい条件の職場が見つかった！」となります。

たくさんの人が応募をしていて「私なんて採用してくれるのかな？」と不安になったので「心よ！　採用されるかな？」と質問をしてみると「ここがあなたを求めている職場だった！」と返ってくるから、不安なく面接を受けることができちゃうんです。

「採用！」の通知が来た時に「心よ！　ここなの？」と聞いてみると「同僚の〝呪いの暗示〟がない場所だよ！」と教えてくれて、女性は、そこでみるみる本来の能力を発揮していったんです。あれが本当に〝呪いの暗示〟であった、と実感できるまでに。

## ○行動をブロックする人に相談してしまうのはなぜ？

ここで一つの疑問が湧きます。**「何で〝呪いの暗示〟をかけてくるような人に相談しちゃうのかな？」**という疑問が。

職場の同僚に「思うように仕事ができない」と相談しなければ、〝呪いの暗示〟なんてかけられなくて、もっと自由に仕事ができていたかもしれないのに。

母親に相談したら、不快な思いをするのがわかっているのに「どうして相談しちゃうんだろう？」と私自身も疑問に思いながらも止めることができませんでした。

でも、私自身のことを考えてみると、母親に相談しなければ「間違った道に進んでしまうかも？」と不安になっていたから相談していたんです。

母親の言っていることがいつも正しくて、私がそれに従わないで行動した時に「ほら！　言ったでしょ！」と言われて「やっぱり自分だけで判断しちゃダメなんだ！」と何度も後悔したことを思い出します。

でも、心に聞いていくと「母親に〝呪いの暗示〟をかけられているからそうなっただけ！」と言われます。

そんな時に「痛い目に合わなければ学習しない！」と母に言われてきたことを思い出します。

**でも、〝呪いの暗示〟にかけられて痛い目に合えば合うほど、確かに危険を犯したくなくなるので〝安全〟なのかもしれませんが、常に不安でいっぱいで、そこには自由と喜びがないんです。**

## ○　心に聞けば、自由を手に入れられる

確かに、子供の頃は〝安全〟が必要だったのかもしれません。
だから、〝不安〟を感じるたびに〝安全〟を提供してくれるような人に相談をしてしまいます。でもその人たちが嫉妬の発作を起こしている場合、〝危険な目に合わないように〟という体で〝呪いの暗示〟をかけて突拍子もないことをしてしまわないようにしていたんです。

そうなんです！　不安を感じたら〝安全〟を求めてしまう幼い自分がいて、それで母親に変わる同じような人を探し出し「正しい道へ導いて！」と頼るようになっていた。〝呪いの暗示〟を承って、そして自由な道を回避してしまっていたんです。

今の大人の私は、本当は何を求めているのだろう？と探った時に「心よ！　私が求めているのは安全なの？」と聞いてみると「違う！」と返ってきます。

「だったら何を求めているの？」と尋ねてみると「自由！」と返ってきた時に「**あ！　心に聞けば自由は簡単に手に入れられるんだ！**」という不思議な感覚になるんです。


だって、〝呪いの暗示〟は「心になんて聞いたって意味がない！」と邪魔するから。

「心になんて聞けない！」と〝呪いの暗示〟が阻もうとする、ということは、そこに〝安全〟とは対極の〝自由〟が存在しているから。

実際に「心よ！」と聞いていくと、〝呪いの暗示〟から解放されて、冒険に満ち満ちた自由な世界へと心がいざなってくれたんです。

# 第5章

# なりたい自分になる！〝呪いの暗示〟を解く方法

# 暗示を入れる人から抜け出したい

## ○ 暗示から抜け出せた自分

私の場合、学生時代に母親から「あなたはちっとも勉強をしない！」とか「集中力がない！」そして「何でも中途半端に止めてしまう！」という〝呪いの暗示〟を入れられていました。

しかし、母親から離れてアメリカに渡ることで、徐々に入れられていた暗示が解かれていき「あれ？　勉強ができる！」とか「結構、集中力がある！」、そして「最後までやり遂げることができた！」と、あの実家にいた自分とはまるで別人になったような感じに変身していきました。

「あんなに勉強ができなかったのに！」と当時を知る人たちから言われるように変

わったんです。

**それは、〝呪いの暗示〟が解かれたから。**

でも、日本に帰ってきてから、私はまた母親と同じような人に出会って、そしてダメ出しを受けて〝呪いの暗示〟を入れられることを選択してしまいます。「自分のことを心配してくれているからダメ出しをしてくれる」と、その人のことを母のように思ってしまっていました。そして、実家にいた時のように、母に代わる人に何でも話しちゃいます。

そして、話せば話すほど、またもや〝呪いの暗示〟を入れられて「自由にのびのびと行動できない！」という状況になっていくのですが、なぜかそこにはあの実家にいた時のような妙な安心感がありました。

感覚的には、大きな石の陰に隠れているダンゴ虫のような感じ。じめじめしてカビだらけで汚い所にいて身動きができずに不自由なんだけど、妙な安心感があったんです。

**〝呪いの暗示〟を入れられて、いつも惨めでダメな自分に嫌気がさしているのですが、私を守ってくれている大きな石の陰に隠れている感覚の中にいました。**

でも、幸いなことに、私はそこから抜け出した経験があって「自分って〝呪いの暗示〟から解かれたら全然違う人なんだ！」という確信があったので「〝呪いの暗示〟から出ちゃおう！」と母親のようなダメ出しをしてくる人から離れました。

ダメ出しを受けて惨めな気持ちにさせられて岩場の陰に隠れることを止めたんです。

〝呪いの暗示〟から解かれてみると、再び自由な自分の姿が出てきました。そして楽しく仕事ができるようになって、**いつの間にか自分が理想としていた姿へと近づいていったのです。**

## ○ もっと大胆に生きたい！

ある女性は「仕事でもプライベートでも大胆になりたい！」と思っていました。

これまで、よくよく考えて、石橋をたたいて渡る、というタイプだったので、「いつも結果が見えていて面白くない！」と思っていたんです。

だから、もっと大胆に生きることができたら人生が楽しくなるのでは？と思って「普段やらないことをやって大胆になってみよう！」とちょっとずつ自分を変え始めてみました。

すると、いつも親切にしてくれる会社の先輩から「最近あんたがしたいことがよくわからない！」と言われてしまいます。「あんたは見当違いのことをしている！」と言われてショックを受けます。

「『大胆に生きたい！』と思っていたけど、自分がしていたことは見当違いで、思い込みだけで動くイタい子のように行動していたのかも？」と不安になります。

「普段やらないようなことをやるのは思い込みが激しいイタい子」という〝呪いの暗示〟が入ってしまって、「大胆に生きたい！」と思っていたのがいつの間にか影をひそめてしまいます。そして、思い切った行動が怖くてできなくなってしまったんです。

カウンセリングの中で女性は「思ったように行動することができない」と悩みを打ち明けます。よくよくお話を聞いてみると「あ！　会社の先輩からの〝呪いの暗示〟

がかかっている！」というのがわかります。

でも、「どうして暗示にかかりやすいんだろう？」と思ってお話を聞いてみると**「実家にいる時から母親に〝呪いの暗示〟をかけられる習慣があったんだ！」ということがわかったんです。**

最近では、「美顔器を使ったら、肌がきれいになった！」と喜んで「お母さんも使ってみたら！」と勧めたそうです。

すると「あんたはすぐに人の言うことを真に受けて無駄遣いをするんだから！」と言われて「あ、私って人の話を真に受けちゃって、意味のないことをしちゃったのかも？」と不安になったと言います。

たくさんの美顔器の性能を調べて比較して、そして、一番いいものを選択して、実際に使ってみて効果があったから母親に勧めたはずなのに「私って騙されやすいのかも？」と見事に母親の〝呪いの暗示〟にはまってしまうんです。

そして、せっかく買った美顔器なのに、使うのが嫌になって、押入れの奥にしまい込みます。

これまで、母親に〝呪いの暗示〟を入れられて見ることも嫌になってしまったものが、そこにはたくさんしまわれていたんです。

## ○ 暗示を入れる先輩も「お母さん！」

そんなことを話していた女性が「あ！　あの先輩ってお母さんと同じように私に〝呪いの暗示〟を入れて動けなくしていたんだ！」ということに気付きました。

お母さんと一緒にいたら〝呪いの暗示〟をかけられちゃって自由に生きられなくなるから、やっとお母さんから離れたのに、いつの間にか職場でお母さんに代わる人を探して、自分を守ってくれる相手として利用してしまっていたんです。

それに気が付いた女性は「〝呪いの暗示〟を入れてくる先輩も〝お母さん〟と思えばいいんですね！」と笑顔でおっしゃいました。

**そして、女性が〝呪いの暗示〟をかけてくる先輩のことを「お母さん」と思ったら、自然と距離を開けることができて、何でも相談することはしなくなったんです。**

「だって、私はいい大人なんですから！」と女性はその時のことを振り返ります。

そして、先輩のことをお母さんと認識して適度な距離が開けられたとたんに、不思議と〝呪いの暗示〟が解けて、大胆に行動ができるようになります。

先輩が近寄ってきて怪訝な顔をしても「お母さんが心配してくれている！」と思ったらすっかり気にならなくなって、暗示が入らなくなるんです。

**〝呪いの暗示〟をかけてくる人を「お母さん」と思ってみると面白いです。**

## ○ 何でお母さんを求めちゃうの？

でも「何で〝呪いの暗示〟をかけてくるお母さんを求めちゃうんだろう？」というのが気になります。

希望を持って行動している時や、これまでやったことがないような大胆なことをやってみよう、と思った時に、ものすごく不安になって「誰かに相談したい」という衝動に駆られてしまうんです。

相談したら、〝呪いの暗示〟をかけられちゃう、って何となくわかっているのにそれ

呪いの暗示を入れてくる人を
お母さんと思ってみる!
お母さん
先輩
お母さんが心配して
くれている!
気にしない!

が止められなくなってしまうんです。

先輩から〝呪いの暗示〟をかけられた女性が「どうしてわかっているのに相談したんだろう?」と分析を始めました。

そして、話をしているうちに「あ! 先輩は、大胆になった私に嫉妬していたんだ!」ということに気が付きます。

先輩が嫉妬して、あの能面のような冷たい顔になった時に、母親と重なって「見捨てられちゃうかも!」と不安になった。見捨てられないように媚びを売るために思わず相談しちゃったんだ!ということが見えてきます。


すると「肌がきれいになった私に対して母親も嫉妬していたんだ!」ということに気が付いちゃいます。ちょっと前まで、母親も「若くてきれいですね〜!」と言われていたのに、美顔器を使った私の肌の方がきれいになったから「お母さんは私に嫉妬して〝呪いの暗示〟をかけてきたんだ!」と理解できました。

そして、母親が嫉妬した時の表情が、能面のような顔になるから「私は母親から見捨てられちゃう！」と不安になって、見事に母親の言いなりになって、自分が好きなことができなくなるんだ！ということがわかったんです。

これを聞いて「なるほど！」と妙に納得ができたんです。**暗示が入っちゃうのって、相手から捨てられることが不安になるからなんだ、と。**

確かに、嫉妬の発作が起きている時って、顔が能面みたいになって冷たい感じになるから「見捨てられる！」という不安が湧くんだよね、というのがわかったんです。

この〝呪いの暗示〟にかけられる仕組みがわかったら、呪いから解かれる仕組みも簡単にわかるような気がしたんです。

## 「お母さん」をほめる→〝呪いの暗示〟が解ける！

### ○ほめると、嫉妬が消える

以前から「周りの人をほめると、自分が変われる！」という方法は知っていました。その仕組みは「ほめることで相手の脳が活性化されて、それが自分にもいい影響を及ぼすから」なんて考えていました。

**でも〝呪いの暗示〟のことを考えてみたら「相手をほめることで、相手の嫉妬の発作がなくなるからなんだ！」ということがわかってきます。**

ほめれば相手は〝嫉妬の発作〟を起こさなくなるから、〝呪いの暗示〟もかけてこなくなる。相手が〝呪いの暗示〟をかけてこなくなれば、自動的に私は暗示から解放されていき、自由になれるんだ！そんなすごい仕組みが見えて来たんです。

私が海外に行って「お母さん」から離れた時は「勉強ができない！」という〝呪いの暗示〟から解放されていきました。このことから〝呪いの暗示〟の効果って、実際はそんなに強烈じゃなくて、しばらく離れていれば効果が薄れる、と考えられます。

でも、相手が〝呪いの暗示〟を言葉にしなくても、相手がそれを思ってこちらを見ているだけで、メドゥーサの目を見た時のように固まって思うように動けなくなってしまうんです。

言われなくても、思われているだけで「〝呪いの暗示〟にかかっちゃう！」ということですから、その点は厄介なんです。

## ○相手は意図して〝呪いの暗示〟をかけているわけじゃない

もう一つ、厄介な点は「相手は意志を持って〝呪いの暗示〟をかけようとしてるわけではない！」ということ。

嫉妬の発作を起こした時に、意図しないで〝呪いの暗示〟をかけてしまうんです。

そして、この嫉妬の発作は動物的な反応なので、自分の意志では発作をコントロールできないんです。

お母さんが息子のいきいきしている姿を見たら、知らず知らずのうちに〝呪いの暗示〟をかけているんです。

本人も自覚がないことなので「なんでそんな酷い暗示を私にかけるの？」と問いただしても「え？　何のこと？」ととぼけたような答えしか返ってきません。

頭にきて問い詰めれば問い詰めるほど、今度はまた発作を起こしてしまうから「また、〝呪いの暗示〟をかけられた！」という感じで身動きが取れなくなるんです。

そこで、お母さんをほめる、という行為によって、お母さんは嫉妬の発作を起こさなくなり、〝呪いの暗示〟をかけられなくなります。

すると自由に行動することができるようになります。お母さんが嫌なことを言わない時でも、「ほめる！」ということを繰り返してみましょう。すると「どんどん自由になっていくかも！」という感じになるのは、母親の頭の中で発作が起きなくなって暗示をかけなくなるからなんです。

## ○ほめ方のポイント！

もう一つのポイントは、自分が〝呪いの暗示〟をかけられている事柄に対して母親をほめる、ということです。

例えば、美顔器を買って「きれいになった！」と喜んで母親に伝えたら「あなたはいつも人の言うことを真に受けて無駄遣いをする！」と〝呪いの暗示〟をかけられて「きれいになることができなくなる！」となっていた女性の場合。

**〝呪いの暗示〟のために「美しくなれない！」となっていたら、その暗示を解くためには「美しい！」とお母さんをほめることです。**

お母さんのような先輩から嫉妬されて「大胆に生きられない！」となってしまったら、先輩に対して「大胆で素敵！」とほめてしまえば「あ！　大胆に生きていいんだ！」と暗示から解かれていくんです。

自分が「変わりたくても変われない！」と思っているのは、身近な人が嫉妬の発作を起こして、〝呪いの暗示〟をかけ続けているから。

「変わろう！」と努力して、ちょっとでもこちらが変化したら〝嫉妬の発作〟が自動的に相手の脳で起きるから「〝呪いの暗示〟にかけちゃうぞ！」となってしまうんです。

そこで、**周りの人をほめることで、〝呪いの暗示〟が解かれ「自分が簡単に変われるかも！」ということになる**んです。

## なりたい自分になるための、呪いの解き方・暗示のかけ方

### ○暗示を解いて、なりたい自分になる！

なりたい自分になれないと苦しんでいらっしゃる方には、どんな暗示が入っていて、どのように暗示を解いたらよいのでしょうか？

「なりたい自分」のイメージ別に、クライアントさんの例を挙げて解説したいと思います。

### ○【積極的になりたい！】

ある女性は、パーティーに参加すると「壁の花」という存在になってしまうと言い

ます。皆は楽しそうに異性と話をしているのに、自分は一人ぼっちで壁に寄りかかっている、という状態を「壁の花」と言います。

自分が積極的にいったら「何であんたみたいな人が話しかけてきてるの？」と馬鹿にされて拒絶されてしまいそうで怖いんだそうです。

話に積極的に入っていこうとしても「あんたが入ってきたから場がしらけた！」と皆が自分の周りから去ってしまうような気がして、緊張して入っていけないんです。

思い切って人の輪の中に入っていったとしても緊張しているから「やっぱり話が続かない！」となって「うわ～！　やっぱり積極的になんて無理なんだ！」と思ってしまうんだそうです。

こんなふうに**「拒絶されるかも？」と怖くなったのは、母親から「積極的になったら人から恨まれたり馬鹿にされたりするよ！」と〝呪いの暗示〟を入れられたからでした。**

自分ではすっかり忘れていたのですが「そんなに目立つ格好をしたら！」とか「人前でみっともない！」という口癖の裏に〝呪いの暗示〟が隠されていたんです。

そんな〝呪いの暗示〟を解いて積極的になるには、「母親をほめちゃおう！作戦」が有効です。食事をしている時などに「お母さんって意外と積極的だよね！」と、〝意外と〟という言葉を入れてほめます。

人間は、全然関係ない場面でほめられたりすると、頭の中で「このほめられているのは、あの場面のことを言っているのかもしれない！」と勝手に検索します。「あ！ 魚屋さんにどんな魚がお勧めかと話しかけていたのをこの子は見てたのかしら！」と。そして、ほめられたことを受け入れて「自分は確かに意外と積極的なのかもしれない！」と思うようになるんです。

一見地味で目立たないようにしている母親が、ほめることでだんだん変わってくるのが楽しくなります。

**この積極的になることを封印する〝呪いの暗示〟を解く〝ほめる〟にはバリエー**

呪いの暗示を解くほめ方！
お母さんって意外と積極的だよね！
え！
あの時のことかも？
魚

**ションが必要になります。**

いつも「お母さんって意外と積極的だよね」でもいいのですが「お母さんって周りの人から一目置かれているよね」とか「お母さんって何気に目立つよね」や「お母さんって人を和ませる力があるよね」などを入れて、ランダムにこれを繰り返し、何でもない場面で使っていくと効果的。

これを繰り返していると「お母さんは積極的」という暗示が入りますから、子供が積極的になったのを見た時に〝嫉妬の発作〟が起こらなくなります。**お母さんの脳で発作が起こらなくなれば子供は積極的になります。**

お母さんが普段から積極的な場合で「あんたはもっと積極的にならなきゃ！」ということを言いながら〝呪いの暗示〟をかけてくるタイプでは「お母さん〝ものすごく〟積極的だよね！」とほめるだけでいいです。

母親が積極的過ぎて「ずうずうしい！」とか「場の空気をもっとちゃんと読めよ！」

という突っ込みがこちらに浮かんだら「いつも皆のことを考えているよね！」とか「本当にやさしいよね！」とほめてしまいます。

こちらが頭で「ずうずうしい！」とか「みっともない！」と母親に対して突っ込んでしまうと脳のネットワークで伝わって、母親は「子供のくせになんて生意気な！」と更に〝嫉妬の発作〟を起こして「あんたは何で積極的になれないの！」と呪いの暗示をかけてきます。

それを〝ほめる〟ことで打ち消して、暗示から自由になっていけるんです。

**お母さんにこの暗示を入れる時は、実際にお母さんが大胆に行動した時ではなくて、何もしていない時。**何もしていない時に言われると無意識に、自分がそうした場面を自動的に検索して「私って大胆だよね！」と納得して、暗示が確実に入っていきます。

**積極的になれない〝呪いの暗示〟をかけてくるのが上司や先輩の場合も、母親に対する時と同じ暗示が使えます。**

母親以外でも、念のために上司や先輩に対しても使っておくと、もっと自分の変化がわかりやすくなるかもしれません。

「先輩って大胆ですね！」とか「先輩って豪快ですよね！」なんてボソッとそばでつぶやきます。わざとらしく言うのもありです。

「嘘を言っているってバレないかな？」と不安に思う必要はありません。人は嘘でもほめられるとそれを受け入れてしまう、という性質があるから大丈夫です。

先輩や上司に対しては「先輩は常識にとらわれないですよね！」というのもありかもしれません。

相手をほめているのに、自分がどんどん常識にとらわれなくなり、積極的に行動できるようになっていくんです。

## ○【いつも若々しく、キラキラした自分になりたい！】

若い頃から、いつも選ぶのは地味な服で、化粧も「しているのかしていないのかわからない！」というような感じになってしまうという女性。「素敵な服を選ぶことなんて私にはできない！」とか「きれいに化粧をするなんて、私がしたらみっともない！」と思ってしまうのは、そうした時の母親の嫉妬の発作が怖いから。

ちょっと素敵な服を買って着てみたら、母親が嫉妬の発作を起こして能面のような冷たい表情になります。

**この母親の発作を起こした時の顔に、子供の頃からの「母親から見捨てられて死んじゃうかも！」という恐怖が条件付けられているので、ショックが頭に走り、「私にこの服はふさわしくない！」と思って「せっかく買ったのにタンスの肥やしになっちゃう！」という感じになるんです。**

嫉妬の発作を起こしたら、母親なのに言ってはいけないことを言ってしまいます。

だから、素敵な服なのに「みっともない！」なんていう言葉が母親の口から出てきてしまいます。

意図しないで発作でおかしなことを言ってしまうのが、発作の特徴なのです。

母親が息子に対して嫉妬の発作を起こすということもあります。

母親が若い頃に若々しくすることができなかったり、自由に自分をきれいに見せて楽しむことができていなかったりすると、母親は息子に対しても発作を起こして「贅沢だ！」とか「そんな格好をしてみっともない！」や「不良みたい！」と不快な言葉をかけてしまいます。

すると息子は洋服のセンスが全くなくなって、魅力的な男性になれなくなってしまうんです。**男性も、母親からかっこよさを〝呪いの暗示〟で封印されている可能性があるんです。**

そこで、ここでもお母さんをほめて、〝呪いの暗示〟を解いていきます。朝、お母さんと顔を合わせた時に「お母さんっていつも若々しいよね！」と言ってみます。

この時、「そんな嘘はつけない！」と思う場合は、〝若々しい！〟という言葉に母親の嫉妬の発作が条件付けられているから。

**自分が言うのに抵抗がある場合は「あ！　そこに〝呪いの暗示〟を解く鍵があるんだな！」と思っていただくといいと思います。**

「お母さんって素敵だよね！」とか「お母さんって他の人と比べてちっとも老けないよね！」と、何でもない時に言ってみます。逆に、具体的に「肌がきれいだよね」とか「化粧がうまいよね！」と言ってしまうのは〝呪いの暗示〟を解くことになりません。

漠然とほめることで「え？　何のこと？」とお母さんが疑問に思って無意識で検索をし始めて「あ！　この場面の私を見たからかもしれない！」と見つけ出して「確かに私って老けないで素敵かも！」という暗示が入り、実際の容姿も変化していったりするんです。

お母さんをほめて〝呪いの暗示〟を解いていくと女性の場合は「あ！　エステに通ってもいいかも！」と、思い切ってエステに予約をしている自分がいたりします。

**それまでは「自分なんて！」と思っていたのに「きれいになれるんだったら挑戦したい！」と思えるんです。**

そして、服を選ぶ時も、店員さんに積極的に話しかけて「これまでの自分とは違った服を選びたい！」と自発的に行動できるようになります。

店員さんを避けて自分で服を選んでいた時はいつも地味で同じような服だったのですが、入ったことがないような素敵な服が置いてあるお店に入って、店員さんの意見を参考に選んで買ったら「素敵かも！」と思えて、実際に着てみると気持ちがキラキラしてきます。

「地味で老け顔！」と思っていたのは皆、母親からの〝呪いの暗示〟だったんだ！ということに気が付けちゃうんです。

## ○【人に憧れられる自分になりたい！】

「人に憧れられる自分になってみたい！」と思うのですが「自分には無理！」と足が

すくむ感じになってしまうという女性。

尊敬できる人がいて、そんなふうに自分もなってみたい、と思って自己啓発本などを読むと「変われるかも！」と思うのですが、しばらくするといつもの地味で消極的な自分に戻っていて「人から憧れられるようになるなんて無理！」と思ってしまうんです。

学生時代も「人から憧れられるようになりたい！」と思って、積極的にクラス委員とかチームリーダーなどをやったこともあるんです。

でも、そんなことを母親に報告すると「あんたにそんな役が務まるの？」とか「先生が目立たないあんたにお情けでやらせてくれたんじゃない？」という〝呪いの暗示〟を入れてくるので、いつの間にかリーダーなのに地味な裏方の存在へと変わってしまったと言います。

人を先導する立場のはずが、いつの間にか雑用ばかりして、目立つ人をサポートするようなことになって「やっぱり自分は裏方の人間でしかないんだ！」という感じになってしまうんです。

これもほめることで母親からの〝呪いの暗示〟を解いてしまうと変わっていきます。

**自分が今の地味な存在で満足できなくて「人から憧れられる存在になりたい！」と思うのであれば、母親も同じようなことを思っていた可能性が高いんです。**

普通だったら、「自分ができなかったから、子供には人から憧れられる存在になってほしい！」と思うのが当然だと思うんです。

でも、人間も所詮動物だから〝発作〟は自分でコントロールできなくて、つい嫉妬の発作が起きてしまいます。「あんたがそんなことをやっても大丈夫なの？」とか「あんたにそんなことが務まるわけがないから、皆がサポートしてくれているんだね！」という暗示をかけてしまうのです。

この場合の暗示の解き方は、母親に対して何にもない時に「お母さんって人から一目置かれているよね！」とボソッと言うことです。

「お母さんって陰では人から尊敬されているんだよね！」と突然、無感情につぶやいてみます。演技して大げさに言う必要はありません。

あくまでも〝暗示〟ですから、お母さんに聞こえるか聞こえないかぐらいで構いません。

すると、いつも慎重過ぎてつまらない企画ばかり立てていた自分が、結構斬新なアイディアを出せるようになってきます。

お母さんをほめていただけなのに、これまでの自分と違って結構強気になっていて、面白くなってくるんです。

**お母さんをほめ続けていると、自然と大胆になれます。**

自分としては、目の前のことを淡々とやっているつもりなのに、いつのまにか大胆なことになっていて、人から一目置かれるようになります。やがて「○○さんのようになってみたい！」と陰で言われるようになっているんです。

これをやってみると、母親からの嫉妬が怖くて積極的になれず、また、人から嫉妬されないように外では慎重になり過ぎていた、ということに気が付きます。

嫉妬を恐れる必要がなくなると、外でもビクビクしなくなります。

すると、不思議と周囲からのダメ出しが減って、枷《かせ》が外れたように動けるようになるんです。

これには**〝嫉妬の発作〟の性質が影響しています。**

嫉妬は、自分よりも弱い立場の相手が自分よりも優れたものを持っていたり、優れた言動をしたりした時に起きます。

だから、嫉妬を恐れて慎重になり、謙虚になっている人に対して、相手は「私よりも下！」と認識してしまいます。

その〝下〟の相手が自分よりも優れたアイディアを出したりした時に、〝嫉妬の発作〟を起こしてしまうので、「そんなアイディアは使えない！」と潰されます。

母親の嫉妬の発作が打ち消されて、嫉妬を恐れなくなると必要以上に謙虚になる必要がなくなるから、周囲が「自分よりも下！」と認識することがなくなります。

嫉妬の発作がなくなるから、斬新なアイディアが使い放題で、本来の自分に戻れるんです。

本来の自分って意外とすごいんです。「できな〜い！」とか「そんなこと無理〜！」と言っていたのはすべて〝呪いの暗示〟があったからだったんです。

**その暗示から解かれてみれば「すごいんだぞ〜！」という具合になれるんです。**

## ○【人に嫌われても「平気」になりたい！】

私は、昔から「人の顔色が気になってしまう」ということにも苦しんできました。人がちょっとでも不機嫌になっていると「私が変なことを言ったからかな？」と不安になってしまうんです。

そして、相手に嫌われたくない、と思って余計なことを言ってしまって、相手から「何？　この人！」という感じで蔑《さげす》まれてしまいます。

そして、嫌われたかも？と思って「何とかしなければ！」とフォローすればするほど、相手から更に蔑まれて見下されて、不快な思いをしちゃうんです。

人から嫌われることが怖くて、不快な人との縁を切れなかったり、その人のことばかり考えて時間を無駄にしてしまう人がいます。

そういう人の母親は、「世間体を気にする」タイプだったりします。私の場合は、キリスト教の家庭だったので、母親は「クリスチャンのくせにあんなことをして！」と後ろ指を指されることを恐れて人目を気にしていました。

母親自身は戦時中の疎開先の学校で、キリスト教徒の家庭であることで多分差別をされて、近所から白い目で見られていた、という体験をしていたはずなんです。

だから、余計に周りの人の目を気にしていました。


人目を気にして生活をしなければいけないので**親の脳内ではストレスが溜まって嫉妬の発作が起きやすくなります。**

ストレスが脳に帯電しているので、子供が自由に生きていると、嫉妬の発作が起きちゃって「あんた、そんなことやっていると人から嫌われちゃうよ！」という〝呪いの暗示〟を入れちゃいます。

それまで、子供同士で「嫌われる」なんてことを考えないで自由に楽しく遊んでいたのに「え？　自分が自由にしていたら嫌われちゃうの？」となってしまいます。

そうなんです！

自由に楽しそうに遊んでいる時に、親の嫉妬の発作が起きてしまうから、「自由に振舞ったら嫌われる！」という条件付けができてしまって、ビクビクしてのびのびできなくなってしまいます。更に「嫌われたらどうしよう？」と不安が膨らんでそれに取り憑かれてしまうんです。

「人から嫌われても平気になりたい！」と思っている場合は、母親に対して「お母さんって芯がしっかりしているよね！」と何もない時にほめていきます。

更に、母親とすれ違う時に「お母さんって人から嫌われることをあまり気にしないでいられる強さがあるよね！」とつぶやきます。

「え？　何が？」と聞かれても「何となく！」とごまかします。「そんなことはないよ！」と反論して来ても「そうなの？」とだけ言って去ってしまいます。

本人が否定しても、母親の脳内では「もしかして、あの場面のことを言っているのかな？」と検索して自分が人の目を気にしないで強気に生きた瞬間のことを思い出します。

「あ！　あのことを言っていたんだ！」と必ず脳の中では見つけ出しているんです。

ですから、何度かほめていると、人から嫌われることを気にしなくなった瞬間の母親が次第にクローズアップされてきて「私って、そんなに人から嫌われることを気にしていないかも？」となるんです。

他のほめ方としては、「お母さんって、ちゃんと言う時は言うよね！」とか「お母さんって意外とカリスマ性があるよね」なんてことも効果的です。

「うちの母親にカリスマ性なんかありませんから！」と思っていても、ほめてみると面白いことになります。

**母親をほめているうちに、自分が人目を気にしないでいられるようになってきます。いつも「嫌われるかも？」と思って人の気持ちばかり考えていた自分が、いつの間にか人の気持ちを考えなくなっていることに気づきます。**

そして「嫌われるかも？」と思って言えなかったことを相手にはっきり伝えられる

ようになって、相手との信頼関係がいつの間にか増しているんです。

「嫌われるかも？」と怯えていた時は、必ず自分が下の立場で蔑まれるような感じになっていたのが、不思議と相手と対等な関係になれて、相手を尊敬できるようになります。

そして、相手からも尊敬の念が伝わってくるようになるので、ますます気にならなくなっていくんです。もう、人から嫌われることを気にして人から蔑まれる生活には戻れなくなります。


この**「人から嫌われるかも？」と〝呪いの暗示〟を入れてくるのが友達だったりすることがあります。**

「え？　そんなことをして大丈夫なの？」なんて優しい心配をしてくれたりする友達です。

そんなことを言われてしまうと「私が常識外れで、人から嫌われるようなことをしているのかな？」なんて不安になってしまいます。

一見「よかれ、と思って言ってくれている！」と思うのですが、意外と〝嫉妬の発作〟を起こして、〝呪いの暗示〟にかけている場合があるんです。

**だから、友達と話をして「私っておかしいのかな？」と自己反省をしてしまったら「あ！　あの人は〝呪いの暗示〟をかける人なんだ！」と思った方がいいのかもしれません。**

そんな時は、母親と同じようにほめて、〝呪いの暗示〟をかけられなくしてしまいます。〝呪いの暗示〟をかけてくる友達と縁を切ることもできるのですが、それよりもほめることで、私の〝呪いの暗示〟が解けていくわけですから、そこから自由になって変わったほうが面白いのかもしれません。

「あんたって意外とカリスマ性があるよね！」と友達の前でつぶやいてみると「あれ！　人のことが気にならなくなったかも！」って自分が変わるから面白いんです。

## ○【できる人になりたい！】

仕事も私生活も充実していて完璧にこなしている人がうらやましくなります。自分は、いつも不器用で失敗ばかりだからです。

仕事をしていても失敗の後始末ばかりに時間を費やしているような気がします。

そして、肝心なところでミスをしてしまったりして「何で私はちゃんと仕事ができないんだろう？」と苦しくなってしまいます。

もっと、仕事ができるあの人のように自信を持てたらいいのに！と思うのですが、失敗ばかりしていると、「やっぱりダメだ」と自信が持てなくなってしまいます。

**自信がないまま仕事をしていて、周りの人に申し訳ない気持ちでいっぱいになってしまうんです。**


このように、「できる人になりたい！」と思っている人の母親は「こうして結婚をして子供なんて作っていなかったら私だってバリバリ働いてすごかったんだから！」と思っているという特徴があったりします。

ちゃんと働きたかったのに、結婚をして子供を作ってしまったから、自分の人生は本来の道からそれてしまって後悔している、という感じ。

現状の生活に満足をしていないから、ストレスが溜まっていて、その溜まったストレスで〝嫉妬の発作〟が起こり、子供に〝呪いの暗示〟をかけちゃいます。

「やっぱりあんたは何をやってもダメね！」と言われてしまうと、子どもに「私って何をやってもダメなんだ！」という暗示がかかってしまいます。

子供がちょっと調子に乗っていると母親の脳で嫉妬の発作が起きて、「調子に乗っているとすぐに失敗するんだから」なんていうことを頭の中で思ってしまいます。

母親が頭の中で思ったことが子供には伝わってしまうから、それが強烈な暗示となって「あれ？　調子に乗っていたら失敗した！」となってしまい「自分は調子に乗ってちゃダメなんだ！」と常に自己反省をするようになります。

調子に乗らないように自己反省ばかりしていると、自分のミスばかり気になるようになって、余計にミスが増えて「やっぱり自分はできない人！」と〝呪いの暗示〟が効果を発揮するんです。

**このような子になると、自分のダメな部分を助けてくれる母親が常に必要となります。**

自分だけだと不完全だから「母親の助けを借りたい！」という気持ちが出てきて、「やっぱり自分はダメだ！」という自己不全感が強くなります。

外から見ると、母親は、〝呪いの暗示〟で子供を「手のかかる子」にして、ダメな子供の世話をする、という人生のやりがいを自分で作っている、という感じです。

でも、実際はそんな複雑なことではなくて、母親の脳に溜まったストレスによって、子供が自由に生きていることに、〝嫉妬の発作〟を起こして〝呪いの暗示〟をかけているから。

母親は意図してそれをしているのではありません。

「できる人になりたい！」と思ったら、母親に対して「お母さんって意外とやるよね！」とほめちゃいます。

「え？　何のこと？」と言われても「いや、何となくそう思っただけ」と言ってしまうと、母親の頭の中で「したたかにやった場面」を検索して「あのことかも！」となります。

**お母さんの能力は封印されているんじゃなくてちゃんと活かせている、**という体にしてしまいます。
「お母さんって意外としたたかだよね！」や「うまく相手を使うことができるよね」などとほめていきます。

実際にはお母さんが不器用でそんなタイプではないと思っても、ほめると「したたかな場面」や「相手をうまく使った場面」などがちゃんと無意識の中で検索できて、「あのことかも！」と母親の中で浮かんできます。

他にも「お母さんってチャンスを逃さないよね！」とほめたり「お母さんって失敗からものすごく学習しているよね！」なんて言ったりします。

ここまで来ると「何だ！　こんな簡単なことなんだ！」とわかるかもしれませんが、**「自分がこうなりたい！」という理想の姿を「母親は現実にそれをしている」という体でほめ言葉にして、母親をほめていきます。**

「こうなりたい！」と思っていても、そうなれないのは「才能がないから！」じゃなくて「〝呪いの暗示〟がかかっているから！」と考えるんです。

その〝呪いの暗示〟の術者である母親をほめて、呪いを無力化することで本来の自分に戻れるんです。

母親をほめて〝呪いの暗示〟が解かれていくと「あれ？　ミスのことを悔やまなくなった！」となるから面白いんです。

悔やむ時間がなくなると、バリバリ自分のしたいことができるようになります。**自分のしたいことができるようになると「あれ？　憧れていたあの人ってそんなに大したことないかも？」とまで思えてくるから面白いです。そんなふうに調子に乗っても、失敗することがなくなります。**

調子に乗れば乗るほど、追い風が吹いてどんどん「できる人」になっていきます。「調子に乗ったら失敗する」という暗示が解けていると、調子に乗ってもビクビクしなくなるので、失敗を犯さず、そのまま能力を高めていけるので、いつの間にか「できる人」ということで周囲から一目置かれるようになっていくんです。

これは、職場の人間関係でも有効です。

「職場の人間関係が面倒臭いな！」と思ったら、〝嫉妬の発作〟が同僚や上司の脳内で起きていて、それで足を引っ張られている可能性があります。

「また同じ間違いをして！」とか「どうしてちゃんと確認しないの！」と言ってくるお局《つぼね》様に対して、母親と同じようにほめちゃいます。

お局様の中で「私だってこんな立場じゃなくて、もっとすごいことができたはずなんだから！」という「本来の自分で生きていない」というストレスがあり、それが嫉妬の発作を引き起こして「仕事ができない！」という〝呪いの暗示〟をかけてきます。

上司やお局様に対しては「意外と」という言葉は使わずに「〇〇さんって切れますよね！」とか「〇〇さんってかっこいいですね！」などとストレートにつぶやきます。

**やはり、ここでほめる時も「自分がそう言われたい！」と思うようなことを次から次へとほめていくと、どんどん〝呪いの暗示〟が解かれて、自分がかっこよくてキレ者になっていきます。**

「〝呪いの暗示〟が解かれたら私ってすごいんです！」と思えて、そんな本来の自分を確かめるのが楽しくなっていきます。

## ○【やりたいことにチャレンジしたい！】

やりたいことがあるのに「ちっともチャレンジしようとしない！」という自分がいます。「時間がないから」とか「今はそのタイミングじゃないから」とか「十分に勉強をしてから」や「もっとちゃんと調べてから」なんていう言い訳が浮かんできます。

そんな言い訳を言っていたらいつまでもできないのはわかっているんです。

この「やりたいことにチャレンジできない！」というのも母親からの〝呪いの暗示〟からだったりする可能性があります。

母親だって、若い頃はたくさんの夢があったはず。それなのに、結婚、出産、そして姑との関係でそれらがすべて潰されてしまった、というストレスで脳は帯電して、子供が何かに挑戦しようとすると〝嫉妬の発作〟を起こして〝呪いの暗示〟をかけている、ということがあります。

「あんたっていつも口ばっかりなんだから！」とか言われると、「私は口ばかりで実行しない人間」という暗示が入ってしまいます。

何か新しいことにチャレンジしようとすると「大丈夫なの？　あんた人から騙されやすいのに」という暗示もあります。

**新しいチャレンジには新しい人間関係がつきものですが、そこに入っていったら自分は騙されてしまって惨めな思いをする、という恐怖の暗示を入られてしまうんです。**

すると、怖くてチャレンジすることができなくなります。恐怖を入れて子供の可能性を潰している、とも見えるのですが、そうではありません。嫉妬の発作で〝呪いの暗示〟が無意識に出てきているんです。

相手に悪意が見られないから、こちらも見事に暗示にかかって、「私は怖くてチャレンジができない！」となってしまいます。

「大丈夫なの？　あなたがそんなことをして」という暗示をかけられると、失敗した場面が浮かんできてしまうから「チャレンジしたら失敗する」と思ってしまいます。

「やりたいことにチャレンジしたい！」と思ったら母親に対して「お母さんって意外とチャレンジャーだよね！」とほめちゃいます。

ものすごく保守的な母親でも、そうほめられると「え？　何のことを言っているのかな？」と脳内ではその場面を検索します。

面白いのは、母親がこの本を読んで「あ！　私にその場面を検索させようとして言っている！」とわかっていても、脳はほめられると自動的に検索して、「あ！　夫を選んだ場面のことを言っている！」と勝手に見つけてくれます。

「保守的だと思っていたけど、結構チャレンジャーかもしれない！」と無意識で思うようになっていきます。

知っていても、暗示って、入れられると抵抗できないんです。「お母さんって意外と勇気があるよね！」とか「お母さんってチャンスを逃さないよね！」などとほめると、しだいに自分が自由になっていきます。

もうコツは掴んだかもしれませんが**「自分がこうなりたい！」と思う方向に、暗示をかけている人をほめるんです。**

だから「お母さんって意外と失敗を恐れないタイプだよね」とか「お母さんって失敗からちゃんと学習していくよね」とほめます。

お母さんは「何のこっちゃ？」という顔をしますが、脳内では「あ！　私の料理のテクニックのことを言っているかもしれない」と自動的に検索して、そこが強化されていきます。

ほめられればほめられるほど「私はチャレンジャーかも？」という暗示が強化されて、私の〝呪いの暗示〟が解けていきます。

すると、「あれ？　チャレンジすることが怖くない！」となっている自分に驚きます。

母親をほめただけで「そんなに大したことじゃないのかも？」と思えてくるから不思議です。ほめていくと「あれ？　失敗して人から拒絶されたり馬鹿にされることが怖くなくなっている！」となります。

失敗が怖くなくなっていると、考えずに行動できている自分がいます。

「失敗したって再チャレンジはいくらでもできる！」という考え方がこれまで頭ではわかっていても実行できなかったのに、〝呪いの暗示〟から解かれてみれば自然とできるようになっている自分がそこにいるんです。

母親をほめて〝呪いの暗示〟から解かれてみると面白いんです。

「やりたいことにチャレンジしたい」と思いながらできない場合に「友達に相談しちゃう！」という人が結構います。

気軽に相談できる相手がいて、相談してみると「いいんじゃない？」と言ってくれるのですが、友達の表情が明らかにおかしいという時は、嫉妬が起こっています。

**嫉妬の発作が起きている時はわかりやすくて、顔が能面のようになったり、ひきつった表情になります。**

それは「不快」を示したりするので、そんな表情で、友達に「いいんじゃない！」と言われても、「やっちゃいけないことを私はやろうとしているのかも？」と不安になって、それが強い暗示となって「失敗」の方向へと誘導されたりするんです。

やってみたけどやっぱりダメ！となると友達は妙にうれしそうな顔をして、「そうだと思った！」と言ってくるから「やっぱり私がやりたいことをやるのは危険なんだ！」という暗示が入れられます。

この場合も、母親をほめた時と同じように友達をほめてみます。「○○ちゃんって勇気があるよね！」とボソッとつぶやいてみます。

「え？　何のこと？」と聞かれても「何となくそう思ったんだ！」とだけ返しておくと、脳内では自動的に検索をしていきます。

そして、その暗示が見事に効いて、自分の暗示が解けていき、「私って結構勇気があって、躊躇なく挑戦できるかも！」となるんです。

ここで面白いのが、ほめることで友達に暗示が入って、友達が新しいことに挑戦したりすると、「あれ？　面白くないかも？」という灰色の雲が、今度は自分の中に立ち込めるということ。

そう！　これが嫉妬の発作。私のおかげで変わることができた友人を見て、自分が嫉妬の発作を起こした時に「これが友達と母親の中に起きてたことなんだ！」とわかってきて、笑えてきます。

こんな感じで発作が起きて、表情がおかしくなるんだ、とわかると、人の嫉妬の発作が怖くなくなります。

**むしろ、自然なことなんだ、と受け入れられるようになるから、嫉妬を恐れずに自分らしく生きられるようになるんです。**

私も嫉妬の発作に憑りつかれちゃう、皆と同じ人間、と思えたら誰もが怖くなくなり、自由に生きられるようになるんです。

いつの間にか。

# 第6章

# 「行動できない」あなたのための、対処法いろいろ！

## 行動できないパターンいろいろ

○いろんな対処法を使って、行動できる人に！

本書では、**「完璧主義を捨てる」「あえて失敗してみる」「暗示を解く」**など様々な**アプローチで、「行動できるようになる」ための方法**をご紹介してきました。

これらの対処法を使って、どのように実践したらよいかを、この章ではいろんなケースごとの例を出してお伝えしたいと思います。

○【出世したいけど、なかなか勉強ができない会社員の男性】

会社の給料の査定に影響するから「英語の勉強をしなきゃ！」と思うのですが、

「どこから勉強したらいいのかわからない！」とか「仕事で疲れて勉強ができない！」と思ってしまい、一向に机の前に座って勉強することができません。「だったら朝起きて勉強すればいいじゃない！」と思うのですが「朝はだるくて起きられない！」ということで、勉強に何年も手が付けられなくて困っています。

## 対処法①

**「ちゃんと無理のないスケジュールを計画してみましょう！」というのが一般的な対処法**でしょう。勉強というと、「1時間、2時間やらなければ勉強じゃない！」と思ってしまうかもしれませんが、何年も勉強をしていなかった人が1時間も机の前に座るなんて、全く運動をしていなかった人に「フルマラソンを走れ！」と無茶ぶりしているのと同じ。

「まずは毎晩、食事が終わってテレビを見る前に10分間勉強をする」というスケジュールを組んでみます。「10分勉強したらテレビが見られる！」と思うと10分間は集中して勉強したあと、テレビで「リラックスできる！」という条件付けができますから「あ！　ちょっとできそう！」と気持ちが盛り上がります。

そして2週間後にはテレビの前に20分の勉強、と徐々に時間を延ばして続けられると「結構、勉強って楽しいかも！」と思えてきていつの間にか、それまでわからなかった英語がわかるようになってきます。

そうしているうちにテレビを見る必要がなくなって勉強そのものを楽しめるようになっていきます。

**対処法②**

「勉強しなきゃ！」と思った時、いろんな不安や否定的な考えが浮かんできたことに気付いたら**「誰かに足を引っ張られているかも？」と、足を引っ張っている人を探ってみます。**

「足を引っ張っている人を探す」のはものすごく簡単です。不安な考えや否定的な思考が浮かんだら、頭の中で「心よ！　誰が足を引っ張っているの？」と心に問いかけるだけ。問いかけて次の瞬間に浮かんできた同僚が、あなたの足を引っ張っている人です。

足を引っ張っている人が見つかって**「不安も否定的な思考もこの同僚から入れられ**

**た暗示」**と思ってみると、不思議と「あいつには負けるもんか！」と勉強がしたくなります。
実際、男性は、あいつよりも高い点数を取ってやる！と勉強するのが楽しくなってくるのです。

## ○【やせるために運動をしたいのに、なかなか行動できない女性】

ちょっと前までいくら食べても太らなかったのに、食べれば食べただけ太るようになっちゃった！ということで「運動しなければ！」と思い始めた40代の女性。

インターネットでいろいろ調べて「ヨガがいいのかな？」とか「でもヨガだけじゃやせない」と言っている人もいるからな……、とか、「ジョギングかな？」といろんな情報を集めているうちに、「走っていて膝を痛めたらどうしよう？」と不安になって「膝を痛めない走り方」を調べ始める。「シューズをちゃんと選ばなきゃダメなんだ！」と思います。

でも、シューズを買いに行くのが面倒なんだよな……、と思いながら、インターネットで靴のことを調べたりして、一向に運動することにたどり着かず、どんどん脂肪が増えてしまいます。

**対処法①**

**「無理をしないで始めましょう！」というのが一般的な対処法**です。どこかの教室にいきなり入って「運動をしよう！」と思っても「教室での人間関係で嫌なことがあったら……」とか「先生が変な人だったら？」なんてことが心配になって「怖くて一歩が踏み出せない！」となってしまうからです。

ジョギングをするにしてもいろんなことが不安で「実際に走ることができない」なんてことになりがちです。そこで「一人でイメージトレーニングするだけで大丈夫！」な方法を紹介します。

インターネットの動画でも何でも構いません。運動をしている人の動画を見て、自分も一緒に運動をしている場面を頭の中でイメージするようにします。身体は動かさずに、頭の中で、実際に動いているイメージで身体の部位を意識していきます。同じ動画をあきるまで毎日眺めながら、頭の中でその人と一緒にトレーニングをしていきます。

それをしばらく続けていると、腹筋に力が入るイメージができていきます。

**身体を動かさず、腹筋を使う動作の時に腹筋に注目をしていただけなのに、不思議と鍛えられている感じになって「ちょっと本当に動かしてみたい！」と思うようになります。**

すると、教室にも躊躇なく申し込めるようになります。

教室で実際にみんなと一緒に運動をしてみると「あなた本当に初心者なの？」と言われてちょっと優越感。「本当に初めてなんです〜！」と言いながら頭の中でやっていた運動は無駄じゃなかったんだ！ときっとうれしくなります。

**対処法②**

不安になって次から次へとやせる方法や運動の仕方などを調べるのは「私って完璧主義なのかも！」と認めると行動が変わってきます。

完璧主義だから、不安になって頭の中でいろいろ失敗のシミュレーションをしているうちに疲れてしまう。行動できないのは、頭の中でシミュレーションをすると実際に動いたのと同じぐらい脳内でエネルギーを消費しちゃうから。

始めは「やせる目的で運動をする」だったのに、完璧主義のためにいろいろと不安になって調べているうちに「安全に運動できる方法」に目的がすり替わってしまうから、余計に「やる気が失せた！」となってしまうんです。

**「完璧主義の私は考えないで行動した方がラク！」と思うと気軽に行動できるようになります。**

「考えないで行動する！」と思ったら、今持っている運動靴でとりあえずウォーキングから始めることができます。

そして、ウォーキングって気持ちがいい！と続けていると、自分を抜かして走っている人がうらやましくなって、とにかくジョギングシューズを買って、その人たちの背中を追い始めます。

気が付くと、これまで続けられない、と思っていた運動が続くようになっていて、お腹についていたお肉がなくなっていきます。やってみると「考えないで行動するって楽しい！」と心から思えるようになります。

## ○【親離れができない女性】

ある女性は「周りの女性に比べると、自分は成長していないし自立している感じがしない」というのが悩みです。

だから、男性とのお付き合いも一歩踏み出すことができないし、仕事でも、自分が好きなように自由にやる！ということができません。「私、転職をしてステップアップしようと思っているんだけど」と母親に電話をすると「今の世の中厳しいんだから、そんな甘ったれたこと言ってたら大変な目に合うよ！」と言われてしまいます。

自分が思っていることを否定されて、その時は「でも」と反論はするのですが理解されず、いつの間にか母親の思っている通りの行動をしてしまって、「やっぱり私は母親から自立していないのかな？」と思ってしまうと言います。

母親から離れる、という一歩を踏み出すことができなくて、何かあるとつい母親に相談してしまいます。

自分の可能性を潰されているのはわかっているんです。でも、確信が持てなくて不安になると、どうしても母親や他人からのアドバイスが欲しくなって話して、結局一歩を踏み出すことができなくなると悩んでいます。

**対処法①**

「誰かに認めて欲しい！」と思って、母親やいつも相談している人に、電話や直接相談をしたくなった時は**「心よ！　私の不安はそれで解消されるの？」と自分自身に問いかけてみます。**

その問いかけをしてみると「あ！　私は自分の行動を、母親や相談相手のせいにしたいだけなんだ！」ということが見えてきます。自分で何かやろうとすると「失敗するかも？」と不安だから、相談して「母親に私の可能性を潰された！」と他人のせいにした方が、自分が危険な目に合わずに済むんです。

「心よ！　私の不安はそれで解消されるの？」と自分に問いかけてみると、行動しないようにするために電話をしているだけ、とわかります。今度は「心よ！　本当は私は何をしたいの？」と問いかけてみます。

すると「母親のせいにしないで、自分自身で判断してみたい！」という気持ちが浮かんでくるのです。
そして母親を言い訳にしないで自分で判断ができた時に、「結構私って行動できるんだ！」と思えて自信が出てきます。

**対処法②**

ここは、もしかすると、母から娘への〝嫉妬〟がからんでいるのかもしれません。〝嫉妬〟は発作です。だから**「嫉妬なんかしたくない！」と思っていても自動的に脳が勝手に反応して〝嫉妬〟が湧いてきます。**

そして相手の足を引っ張るようなことを自動的に言ってしまったり、やってしまうことがあるのです。発作ですから「私は子供のことを大切に思っています！」と心から思っている母親でも、それにあらがうことができません。

自分はお父ちゃんと狭い部屋で不自由に暮らしているのに、娘は新しい可能性に挑戦して自由に羽ばたこうとしている、という話を聞いてしまうと「ビビビ！」と脳内で発作が起きて「そんな甘ったれたことを言って！」と思ってもないことを言ってしまいます。

本当は心から応援してあげたいのに、発作が起きてしまうと「心配！」とか「不安！」そして「怒り！」が自動的に出てきて、意図せず相手の可能性を潰してしまうんです。

発作を起こさせないためには、「いつもお母さんに感謝しています！」と言って「お母さんのおかげで転職を考えられるようになったんだ！」という言い方に変えるといいでしょう。

そうするとお母さんの脳内では嫉妬の発作が起きないから、素のままのお母さんの回答をしてくれるようになるので、足を引っ張られることがなくなります。**「お母さんのおかげで……」と付けるだけで、こんなに自分は自由になれるんだ〜！と面白くなってくるでしょう。**

## ○【上司に媚《こび》を売ることができず認められない男性】

仕事は誰よりもできるのですが、どうしても上司のご機嫌取りができないという男性。

自分よりも仕事ができない奴が認められて、自分はちっとも認められていない、と悩んでいます。

同僚は「○○部長のアドバイスでこんな立派な企画書ができ上がりました！」と、うまいこと言うので、上司はうれしそうに「そうか！」と言って、ほとんど内容を見ないで企画書を通してしまいます。

「同僚はあんな安っぽい企画なのに、ボーナスの査定が自分よりも高くなっている！」と悔しくなります。

**自分でも「上司をおだてちゃえばもっとうまくいくのに！」と思っているのですが、どうしてもそれができません。**

真面目に「どうして私の企画書をちゃんと理解してくれないんですか！」と上司にぶつかってしまって、理解力がない上司に却下されて査定が下がるということになってしまうんです。

「ちょっと上司のことを持ち上げればいい！」とわかってはいるのですが、それができないんです。

### 対処法①

「上司をほめれば仕事がスムーズに進むことがわかっているのに行動できない」と思った時に「心よ！　本当に私は行動できないの？」と自分自身に問いかけてみます。

すると「嘘をつくのが嫌だからしないだけ！」という答えが浮かんできます。自分では行動できない理由はわかっている、と思っても「本当に行動できないの？」と自分の中で問いかけてみると意外な答えが返ってきます。そこで「心よ！　本当に嘘をつくのが嫌なの？」と更に自分の真意に迫ってみます。

すると、「上司には正直な自分を認めてもらいたいから」という答えが浮かんできます。自分では「ダメな上司」と思っている、と考えていたのに、「正直な自分を認めてもらいたい」ということは上司のことを結構尊敬しているのかも？と思えてきます。

**そうなると、「○○部長のおかげで」と素直に言えるようになります。**

言ってしまうと上司の笑顔が素敵に思えて「こんな仕事がしたかったんだ！」という感覚を得られるんです。

そして、いつの間にか自然と上司のことを尊敬して感謝できている自分がいて、上司からも信頼されるようになります。信頼関係って、相手から信頼されないと成立しない、と思っていたけど、自分から行動して信頼してみると、こんなに簡単に得られるんだ、って感動します。

**対処法②**

「仕事ができないのに上司に媚を売って評価を得る卑怯な奴」と同僚のことを思っていると「あいつの様にはなりたくない！」と思ってしまいます。

すると「上司をほめればいいのに！」という場面で、同僚のことが浮かんできてしまい、同僚と逆の態度をとってしまうから、上司から「なんだ！　こいつはかわいくない奴だ！」という目で見られてしまいます。

嫌な奴がおしゃれなファッションをしていると「あいつの様にはなりたくない！」と思って、自分はめちゃくちゃ地味でダサい服を選んでしまいます。

いつも嫌な奴のやっていることばかりが目についてしまって、その逆をやってしまうので「やりたいことができない！」となってしまうんです。

**そんな時は、仕事ができない奴に注目するのではなくて、自分よりも仕事ができる**

**奴に注目してみよう！と思って探してみます。**

同僚にはいなくて、上司でもなくて、上司の上司にあたる人が「あの人すげ〜！」と思える人だったので、その人に注目をすることにしました。

その人を観察していると「ほめ方、持ち上げ方がうまいな〜！」と感心します。こんな感じだったら真似してみたいかも？と思えてくるんです。真似をして上司とコミュニケーションを取ってみると、何だか対等な感じで上司とやり取りができて、仕事がスムーズに進みます。

この時に「ほめることができない！」、「それが苦手で行動できない」、と思っていたけど実際は、不快な人と同じになってしまうから真似たくない、ということだった、と気が付くんです。

ファッションも、不快な同僚を基準にしていたから「あいつみたいに服装にこだわるのは嫌だ！」とダサいシャツを着続けていたんです。

上司の上司に注目を向けたら「あの人みたいにおしゃれにするのもいいのかも！」と服装まで変えられるから不思議です。注目する人を不快な人じゃなくて尊敬できる人にちょっとスイッチするだけで、全く違う世界が広がっていくんです。

できる人に注目していると
真似したくなる！
キラ
キラ
あの人
すげ〜！

## ○【婚活に踏み出せない女性】

仕事に打ち込んできたつもりだけど、いつも肝心なところで妥協してしまうという40代の女性。キャリアアップの転職も考えたけど「もし思い切って転職して失敗したら……」と不安になって行動することができません。だから、この先、仕事に打ち込むといっても今一つ中途半端な感じです。

**「このままひとりさびしく人生が終わってしまうのかも？」と不安になります。**

そこで「婚活でもしてパートナーを探さなければ」と思うのですが、「エントリーをして誰からも選ばれなかったらどうしよう？」と不安になるので、婚活に踏み出すことができません。早いうちに行動しなければ、と思うのですが、考えれば考えるほど不安になって行動することができなくなるんです。

### 対処法①

「肝心なところで妥協しちゃう！」という人は大抵「やりたくないことをやってい

る！」という癖があります。

人は、やりたくないことをやっていると、疲れて意欲が湧かなくなってしまいます。やりたくないことをやり続けて、疲れて意欲がないまま婚活をしても魅力的に見えないから「失敗しちゃうかも？」という予測になってしまうんです。

そこで、魅力的になって、婚活を成功させるために「やらなきゃいけない！」とか「やりたくないけど仕方ない」と思ったことを全部止めてしまうと変わってきます。

**やりたくないことを止めるとエネルギーがどんどん溜まってきて、その溜まったエネルギーで「やりたい！」という気持ちが湧いてくるので、いきいきして魅力的になっていきます。**

そして、やりたいことを楽しんでやっていると、ますます魅力に磨きがかかり、「婚活は成功する！」という感覚になるから気軽に挑戦することができるようになるでしょう。

**対処法②**

不安になって肝心な場面で行動できない人は「自分の決断に確信を持てないから、

誰かに相談して背中を押してもらいたい」という特徴があります。

人に相談する場合、「人の不幸は蜜の味！」という感覚が相手の中にあるのを感じてしまいます。「チャンスじゃん！　転職したらいいじゃん！」と言われても「罠がある！」と無意識で思ってしまうので「そんなこと言われてもできない！」とブレーキがかかってしまいます。

「婚活パーティーでたくさんの人と知り合ってみればいいじゃん！」とアドバイスをもらっても、その言葉の裏に「変な人と知り合って大変な目に合うぞ〜！」という悪意を感じてしまいます。相談すればするほど「やっぱり怖くてできない！」と不安になり、その一歩を踏み出すことができなくなっちゃうんです。

親に相談すると「この子が変な人と知り合って大変な目に合うかもしれない」と心配されます。「本当にそんな男性で大丈夫なのかい？」と余計な一言を言われると、自分も「本当に大丈夫なのかな？」と不安になって行動できなくなるんです。

不安になって行動できないのは、周りの人に足を引っ張られているから、とここでは考えちゃいます。だから「婚活するのは不安かも？」と思ったら、自分の心の中で「心よ！　誰が足を引っ張っているの？」と問いかけてみます。

すると、いつも相談に乗ってくれている同僚の女性が浮かんだりします。そうしたら「この不安を○○さんにお返しします！」と心の中で唱えるだけで「ス〜ッ！」と不安が消え去っていきます。今度は「変な人と出会って付きまとわれたらどうしよう？」と不安になってきたら「心よ！　誰が足を引っ張っているの？」と自分の中で聞いてみます。

すると母親の心配する顔が出てくるので**「この不安を母親にのしを付けてお返しください！」とお願いします。**

そしたら不安が消えて「どうでもいいかも！」と焦りも何もなくなります。焦りがなくなると、自然と婚活パーティーも参加することができるようになって、気兼ねなく誰かと話せるようになります。足を引っ張られないでいると、素のままの自分でいられてそれがとっても気持ちがいいんです。そして、いつの間にか誰かと気兼ねなく手をつないで歩いている自分がいたりするでしょう。

「行動できない自分」から脱出すると、そんな自由な世界で生きられるようになるのです。

**大嶋信頼**（おおしま・のぶより）

心理カウンセラー。株式会社インサイト・カウンセリング代表取締役。米国・私立アズベリー大学心理学部心理学科卒業。ブリーフ・セラピーのFAP療法（Free from Anxiety Program）を開発し、トラウマのみならず多くの症例を治療している。アルコール依存症専門病院、周愛利田クリニックに勤務する傍ら東京都精神医学総合研究所の研究生として、また嗜癖問題臨床研究所付属原宿相談室非常勤職員として依存症に関する対応を学ぶ。嗜好問題臨床研究所付属原宿相談室室長を経て、株式会社アイエフエフ代表取締役を務めた。カウンセリング歴24年、臨床経験のべ7万7000件以上。
著書に、『無意識さんの力で無敵に生きる』『支配されちゃう人たち』『ミラーニューロンがあなたを救う!』（以上、青山ライフ出版）、『サクセス・セラピー』（小学館）、共著『児童虐待〔臨床編〕』（金剛出版刊）、『「いつも誰かに振り回される」が一瞬で変わる方法』『「すぐ不安になってしまう」が一瞬で消える方法』（以上、すばる舎）等がある。

イラスト　藤井昌子
ブックデザイン　小口翔平+三森健太（tobufune）

「行動できない」自分からの脱却法！
——あなたを縛る「暗示」にサヨナラ

2017年10月28日　初版第1刷発行
2017年11月29日　初版第4刷発行

著　者　大嶋信頼


発行者　藤木健太郎
発行所　清流出版株式会社
101-0051
東京都千代田区神田神保町3-7-1
電話 03-3288-5405
ホームページ http://www.seiryupub.co.jp/

編集担当　秋篠貴子
印刷・製本　大日本印刷株式会社
乱丁・落丁本はお取替えいたします。
ISBN978-4-86029-468-7